U0896030

治愈星球

主编 / 杜志建

你从所有做对和做错的地方吸取教训，

然后再做下一件事。

直到有一天，你会忽然意识到，

自己居然做得还不错。

漫长的时间在默默地给你回报。

漓江出版社

·桂林·

图书在版编目（CIP）数据

疯狂阅读 . 青春励志馆 3 / 杜志建主编 . -- 桂林：
漓江出版社，2024.3
ISBN 978-7-5407-9758-4

Ⅰ . ①疯… Ⅱ . ①杜… Ⅲ . ①阅读课 – 中学 – 教学参
考资料 Ⅳ . ① G634.333

中国国家版本馆 CIP 数据核字（2024）第 061456 号

疯狂阅读 · 青春励志馆 3
FENGKUANG YUEDU · QINGCHUN LIZHIGUAN 3

主编　杜志建

出 版 人　刘迪才
出版统筹　文龙玉
责任编辑　魏志明
助理编辑　周冬辉
书籍设计　张　羽
封面绘图　孙无力
责任监印　黄菲菲

出版发行　漓江出版社有限公司
社　　址　广西桂林市南环路 22 号
邮　　编　541002
发行电话　010-85891290　0773-2582200
邮购热线　0773-2582200
网　　址　www.lijiangbooks.com
微信公众号　lijiangpress

印　　制　河南瑞之光印刷股份有限公司
开　　本　787 mm × 1092 mm　1/16
印　　张　10
字　　数　280 千字
版　　次　2024 年 3 月第 1 版
印　　次　2024 年 3 月第 1 次印刷
书　　号　ISBN 978-7-5407-9758-4
定　　价　22.80 元

漓江版图书：版权所有，侵权必究
漓江版图书：如有印装问题，请与当地图书销售部门联系调换

声明

基于对知识和创作的尊重，本书向所选文章、图片的作者给予补贴。因条件所限未能及时联系的作者，我们在此深表歉意，当您看到本书时，请与我们联系，以便我们向您支付补贴和赠送样书。因篇幅有限，部分文章有删节，敬请谅解。

联系方式：0371-68698015

CONTENTS

目录

成长会很长：慢慢理解世界，好好更新自己

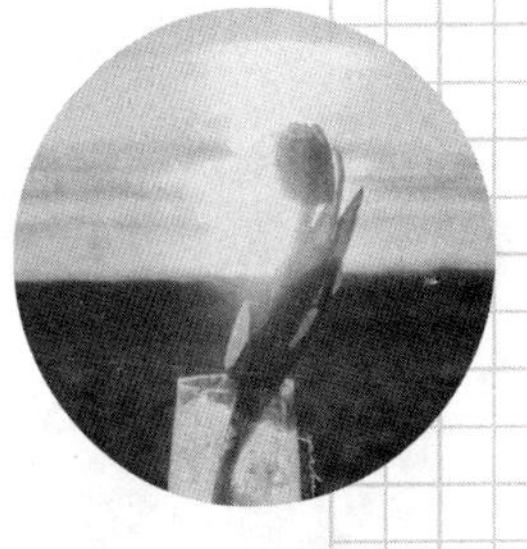

念念不相忘：

即使偏离爱情，你也并非孤单一人

人生体验派：

人生是用来体验的，不是用来演绎完美的

高质量友谊：

彼此借光同行，你我皆是星辰

人间治愈集：

人间值得，请勿泄气

与自己和解：

回头看，轻舟已过万重山

成长会很长

慢慢理解世界，好好更新自己

给生活以时间，
纺出你看不见的命运之线。

——斯特朗

失败不是结局，认输才是

✽ 辜好洁

01

二十一岁那年冬天，人生像被谁恶作剧似的搞得一团糟。

在此之前，因为专业成绩排名第一又有获奖经历，导师告诉我保研名额十拿九稳。大四之前的暑假我在一家做电子产品出口贸易的公司实习，毕业即可转正。学业和工作，无论怎么选择都很光明。

变故却突如其来。

先是工作出了岔子。因为发错订货单，导致两家合作公司无法按计划投入生产。项目经理召开会议，清算到最后的结果是需要有人承担。

“实习生出差错的可能性最大。”前辈说，“你主动承担，后续问题我可以帮你处理。春天入职面试的负责人是我，你放心。”

就这样，我结束了实习生涯，但没有接受前辈的“好意”。

之后投出无数简历，心仪的公司也有给我面试机会，问到之前实习经历，我坦诚作答的结果换来的尽是不合格。连续几次，意兴阑珊。

与此同时，保研的名额也被人顶替。

小时候，妈妈总说人要真诚、正直地活着，我在潜移默化中认为这是最美好的人生姿态。于是我恪守本分，认真念书。

但现实往往是，属于你的机会变成别人的机会，不是你的问题却变成你的问题。

到头来只剩下窘迫和狼狈。

“又不是小孩子，要能屈能伸，懂得睁一只眼闭一只眼。”

“正因为不是小孩子，有些规则才更要遵守。”

“幼稚。”男友不屑地说。

“我可能暂时没办法做到这种成熟。”

“抱歉，我也没时间等你长大。”

和男友冷战了两周，往日堆积的分歧把感情推到尽头，就这样彼此默认分了手。

那段时间没有上课，不再打工，索性连投简历也停了下来。

年轻气盛，一边想迅速掌握这个世界的通关技能，一边又想事事讨个说法。就这样对世事满心不甘，也满脑子困惑。

很长时间不出门，整天待在租来的小房间里看综艺节目和日剧，累了倒头就睡。空调遥控器的电池用尽了也懒得换，直接从衣柜里拿出厚衣服盖到被子上。

有一晚我被冻醒，睡眼惺忪踩着散了一地的衣服去喝水。

外面下着雨。不远处的马路上偶尔传来车辆经过的声音，以及雨滴打在窗户顶棚的透明薄膜上的声音。喉咙干涩得厉害，我张了张嘴，发现自己已经讲不出话来。

那瞬间我突然意识到：

——我失业了哦。

——也失恋了哦。

重新躺回床上，将衣服一一铺好，我拿出手机在通讯录上来回搜寻，只是想跟谁说说话，说什么都可以。

最终电话没能拨出去。

到了平安夜，节日气氛浓郁。

在人生的十字路口处动弹不得的我，慢慢焦虑得像一颗一引即爆的炸弹。

只好离热闹远远的，依旧一个人躺在房间里读书。

“平安夜我一个人过，在公寓的房间里盖上棉被，捂住耳朵。过年也一个人过，我没有吃年糕。情人节也一个人过，我没有买巧克力。觉得天气变暖和时，樱花也开了，我没去赏花。半夜，觉得肚子好饿，打开冰箱一看，空荡荡的。就如同文字的叙述，冰箱里面什么东西也没有。我又饿着肚子回到被窝里。”

清楚记得这段话，来自《被嫌弃的松子的一生》，直到现在。

莹白色的壁灯圈出一小团光亮的区域，其他角落笼罩在灰暗里。时间是融化的透明流质，静静流淌。

读不下去，便起身去做晚餐。

打开冰箱看到两袋泡面时我松了口气。将两块面饼放进唯一的一只大碗里，倒入开水，放上盖子，等待五分钟。

书胡乱扔在枕边，窗户依然紧闭着。

没有打开电视，也没有播放音乐，一个人盘着腿坐在地板上面对热气腾腾的食物，什么也没想地默默举起筷子。

并不是很饿，却在努力吃饭。并不想孤独，却总是一个人。

不该这样继续，暂时找不到改变的办法。着急得不得了，也不甘低头认输。

世界就这样被卡住了，被施了魔法似的，一切停滞下来。

也许几秒，也许几分钟，也许更长时间，那些升腾的气流汇聚成鼻腔里磅礴的酸涩。瘪起的嘴唇委屈地颤抖着，终于抖落成号啕的哭声。

寒假拖拖拉拉，春节前也要回家。家在小城市里，出门尽是亲戚。丢了保研名额，实习失败又分手的事，似乎人尽皆知。

关于未来没有一件可确认的事，却不得不带着笑疲惫笨拙地回应那些建议或者同情。

压力暴增，一点小事也会生气。待在家里无事可做，便把男友相关的物件一一清理打包，填好地址打算寄回给他。一鼓作气做完，只是一些来往信件、情侣布偶、电影票，甚至还有上课传过的小纸条。

曾经珍贵，只剩回忆。想到将这些寄回去会让对方误以为我在悲情挽留，不如扔掉。

回头箱子却不见了，站在阳台上晾衣服的妈妈得意扬扬地告诉我她早上把箱子寄出去了。

“为什么要擅自寄出去？”

“东西打包好不是为了寄吗？”

“我自己会处理。”

“你在生什么气？”妈妈莫名其妙地看着我。

“就因为你总这么闲，什么话都到处说，你知不知道这样我很丢脸？”

“又不是你的错，有什么丢脸的。”妈妈毫不在意，“离开那样的公司，我还为你骄傲呢。”

“我会烦啊！”我控制不住情绪，“帮不了我也拜托不要给我添麻烦！”

“我怎么给你添麻烦了？饭给你做好，衣服给你洗好，你日子过得还不舒服吗？”妈妈委屈地喊，“你到底怎么了？”

“我受够了。”

我面无表情起身回房整理行李。

隔天很早起床洗漱，脚踢到东西，低头发现了那箱包裹。已经旧了很多，快递单上被画了很大的叉。

后来爸爸告诉我：“你妈妈赶在发车前去取回来的，一大车快递里翻翻找找一个多小时，在快递站那里讨了不少怨气。”

爸爸要上班，妈妈送我去车站。气氛尴尬，我们僵着不说话。

坐上车后她冲我挥手，我想跟她说点什么，喉咙里又发不出声音。

临近发车时，她又回来了。

冲我扬了扬手里的车票：“想了想，我还是不放心，这次一定要把你送到学校去。”

在我狭窄的出租房里，妈妈坚持睡沙发。

她曾从高处跌落，摔断一根肋骨，伤好以后胸前凸出很大一块骨质增生，身姿不舒服会硌得疼。我不同意，让她睡到床上去。

“我就睡这里。”她放好枕头躺在沙发上。

最后是我抛下一句“为什么这点小事也不能顺我的意？”气鼓鼓地摁灭了灯。

黑暗里我们谁也没有开口，我故意背对着她面向墙的一侧。过了一会儿，她叫我的名字，我赌气没有应答。再叫一次，我依旧没有吭声。

“妈妈从来没想过为难你，我只是……算了，睡吧。”她轻轻叹了一口气。

再睁眼已是次日清晨。

我洗漱完出来，她把早饭端上了桌。熬了稀粥，一碟泡菜，一杯牛奶。待我坐下，她将剥好的水煮蛋递过来。

“生意不能歇太久，不开业就得坐吃山空。我还想趁着这几年身体好多攒些钱，不管你将来想干什么，钱都是不能少的。”

“我的钱够用。”

“那我就当给你攒嫁妆好了。”她语气缓和，没继续跟我争。

“男朋友还没个影，急什么呢。”

“不急不急。我这不是赚得少，需要慢慢攒。”她接着说，“等你吃完饭，我把房间再收拾一遍，应该能赶上 9 点那班车回去。你不用送我。”

怎么可能让她独自走呢。

在候车室里，我去排队给她买票回来

又不见了她身影。她的手机在我这里，找了一圈没看到人，急得打算去播广播时，终于在人潮里看到她急急忙忙跑来的身影。

“刚才进站时看到入口有超市，想着天凉去给你买瓶热饮，没想到迷路了。年纪大了，人又笨，几步的距离找了半天才转回来。饮料都快凉了。”

她尴尬地笑了笑，盯着我：“你该等急了吧？”

“没有。”我说。

离发车还有一会儿，我们坐在候车室里等待。因为被她拉着手，竟然全身紧绷起来。

“我不太会表达，知道你现在很辛苦也不知道该怎么帮助你。但你必须记住一点，做父母的都希望自己的孩子好。有什么不开心你就给我打电话，不想说话发短信也行。知道你烦，我也不吵你。”

她脸上一副深信不疑的表情：“人之所以困惑，是因为在思考。懂得考虑未来，以后的路就不会差到哪里去，我相信我的女儿会找到最好的路。等再过几年你自然会明白，这些都不是了不得的大事。人生啊，失败不是结局，认输才是。”

她紧紧握着我的手：“都会好起来的，你相信我。”

——等再过几年你自然会明白，这些都不是了不得的大事。

——人生啊，失败不是结局，认输才是。

我曾热烈地投入这个世界，有一天突然明白，这个世界哪里少了我都可以。

于是迷茫了、怀疑了、退缩了，我存在的意义在哪里？

希望与失望之间，不是黑与白，天与地，而是非常近距离的交接点，又矛盾又亲密。炽热跳动的心，没有倾听的人。

二十一岁，懵懵懂懂，还未成熟。

因为年轻，轻易为世界的棱角所伤。也因为年轻，只是心怀期望便有了更多力量。

广播里通知十五分钟后发车，我送她去检票口。

“妈妈。”

“怎么了？”

“妈妈……”

“嗯？”

“到家了给我报平安。”我手里握着她买的热饮，温度早已变得冰凉。

“好，放心吧。”

“妈妈……”

她笑起来：“在呢。”

“……对不起。”

大年初一曾同家人去寺庙参拜。

站在佛堂前，将硬币扔进功德箱，小心翼翼掌心合十。闭上眼睛的短暂几秒世界安静下来，耳膜被袅远的佛音回绕。

有很多愿望想对神祈愿。

希望家人身体健康。

希望找到通往未来的路。

希望有人能听见我的心声。

二十一岁的那年冬天，收起青春的稚气踉跄着步入成熟，也曾以为面对未来得心应手，站在人生十字路口时依旧被铺天盖地的迷茫无措席卷，像焦虑的小狮子原地打转。

水化成云，云化作雨，雨落入眼眸，凝成悄无声息的眼泪。就这样浅浅存在，轻轻叫嚣。一边学着隐忍，一边誓死抵抗。

最后依旧从包裹的茧里挣脱，伸展透明的、脆弱的翅膀。

在星和月间，在山与海里，一路乘着风和雨，开始飞往天际的征程。

青蛙女孩来信

✲ 达达令

有位在法国巴黎读设计专业的读者给我发来邮件，聊起她最近在看的一本书。

这本书的作者娜塔莉·乔治是一位年过七十岁的巴黎老太太，出生在一个富裕家庭，祖上曾是法国贵族。她的父亲是一名建筑师及画家，母亲是一位时装设计师及艺术家。在娜塔莉两岁的时候，母亲离开了家，于是父亲将娜塔莉托付给她的祖母来抚养。

这位祖母是一位热爱美食的优雅女性，尽管家里有很多仆人，祖母仍旧会每天亲自下厨。娜塔莉说自己经常在厨房里看见祖母忙碌的身影，“她做出的菜肴精致可口，如同美与善的结合体”。

后来娜塔莉被送往一所寄宿学校学习与生活。由于寄宿学校里的伙食实在是太糟糕了，娜塔莉总是趁着离开学校的时候，回到祖母的身边改善伙食，品尝美味佳肴。

一直到高中，娜塔莉都被祖母养育，非常幸福。十七岁的时候，因为一些事情娜塔莉被学校开除，祖母干脆为她租了一间小公寓，以便让她专心读书。通过高考以后，娜塔莉陆续在奢侈品公司打杂，去大学旁听法律课程，与此同时开始跟祖母学习如何做饭。

大学毕业之后，娜塔莉先在迪奥公司工作数年，后去了一家高奢家饰餐具品牌担任创意总监十年，之后又成为一家著名箱包品牌的创意总监。再然后，娜塔莉成立了自己的设计公司，靠着多年积累将公司发展壮大，她的名声享誉整个行业。

到此看来，这是顺风顺水的一生：有长辈极致爱护身心，学识与品位从儿时就耳濡目染，加之自身努力逐步走上事业巅峰。若是不出意外的话，遵循不婚主义的娜塔莉会照旧过着身处天堂的人生：日常逗逗猫，随意购买香奈儿高定，满世界旅行，收藏喜爱的书籍、唱片和艺术品。

直到某年的平安夜，娜塔莉被税务局

通知拖欠了巨额税款。一直以来都生活在“艺术家”模式里的她，对于公司的财务事项没有任何概念。起初她以为继续努力工作，是可以偿还这些税务款项的。但没想到因为利息的累加，加上娜塔莉没有储蓄的习惯，连带着公司业务滑落，她还不上欠款了。更糟糕的是，就连雇用的律师也临阵脱逃了。

父母已经去世，孤身一人的娜塔莉最后不得不宣布破产，并且出售了自己那套祖传豪宅。一夜之间，命运天翻地覆。娜塔莉说：“身无分文以后，一切都在发生变化。很快我会看清所有人的面貌：哪些是真正的朋友，哪些人戴着虚伪的面具。”

为了省钱，娜塔莉只能不停地搬家。她带着她的五只猫，先搬到十几平方米的小单间。后来又搬到了一间只有6.5平方米位于六楼的公寓。说是公寓，其实是位于顶楼的一间女仆房。这个房间年久失修，房间里只配备了一个小水池和一张满是跳蚤的弹簧床。

娜塔莉粉刷了墙壁，将长条桌子铺上碎花桌布，布置了鲜花。她将随身携带的衣物、书籍、唱片，一点点铺陈在这个小房间的各个角落，这个家被她装扮得温馨而有格调。

娜塔莉照旧会给自己做饭，但因为没有厨房，她只能蹲着或跪在地上准备食材。好在她从祖母身上学到了诸多烹饪技巧，以及更多对生活的热爱，这份旧日的回忆始终支撑着她，守护着她，“做饭对我来说比抗抑郁药还好使”。

有天在公寓的楼道里，娜塔莉发现邻居们经常带着一些垃圾食品回家。这令她感到无法理解。她决定邀请这些邻居到自己的房间里品尝简单而健康的美食。后来得到邻居的同意之后，娜塔莉将厨具移到了走廊，布置成了一个简易的厨房以及招待空间。

再过上几年，房东为娜塔莉提供了另外一间同等大小的房间，这个房间被娜塔莉布置成一处非常有格调的接待处。慕名而来的食客们穿过破旧的楼道，推开一扇门，如同进入一处奢华的空间。而这处“豪华之所”的主人，慢慢成为整条街区人人皆知的“楼道厨神”。

品尝过美食的年轻人将娜塔莉创作的美食拍摄成了视频，分享到社交网络上。网友们对这位身穿精美服饰，妆发如此精致，能够用低成本做出来美味佳肴的迷人女士非常好奇。许多人提出来想要知道娜塔莉的菜谱——顺应着时代潮流，娜塔莉开始在网络上分享自己的菜谱，逐渐成为一名专业的美食博主。

再后来，娜塔莉将这些食谱整理成了一本书，名为《巴黎六楼走廊的厨房》。这本书里不仅记录了娜塔莉精心设计的菜式，更多的部分还有她过往回忆里的种种经历，尤其是祖母对她的影响，以及那些来自祖母的叮嘱——秘密菜单、烹饪技巧、布置方式、就餐礼仪，珍贵而迷人。

畅销书由此诞生，娜塔莉变成整个法兰西无人不知的“六楼奶奶”。小小的招待客厅有许多名人前来拜访，娜塔莉大大方方地展示自己的这个小家。受邀上节目接受访谈，娜塔莉的个性风趣幽默，加上复古而摩登的穿搭更是备受称赞，许多年轻女孩都想要模仿她的风格。

当这份巨大的礼物到来的时候，娜塔莉已经在这间小阁楼房间里度过了十八个年头。她从贵族女郎跌落低谷，迈入五十岁，继而走过这段与美食做伴的旅程，迎来自己的七十岁。据报道说娜塔莉现在已经搬出了那间阁楼，即将前往纽约，开启新的事业和生活。

在读者友人写给我的邮件结尾，她说到了两个感受：

一是她尤为喜欢从娜塔莉口中说出的那一句话："美丽、善良、温柔，当你在很小的时候接触到这些东西，它们就会像宝藏一样伴随你一生。"

二是她觉得，好像传奇人物的身体尤为健康结实，不知道是因为心中有信仰，还是本身就体格出众。"总之，我是极为羡慕的。因为换作是我自己落魄潦倒至此，我不一定能够撑得过八年的时间。"

我会心一笑。

几日后，我添加了这位读者友人的微信，她给我发来自己在社交账号里分享制作的美食图片，看起来清新而灵动。她的社交账号头像是一只小青蛙，寓意是"听起来就是胃口很好的样子"。

女孩在巴黎一所艺术学校就读设计专业，目前处在实习阶段。她白天去美术馆做事，晚上回到家就在自己的小公寓里做饭。她出生在台湾的乡下，日常最喜欢做的就是卤肉饭跟炸鸡排，还有各式口味的芋圆甜点。她的合租室友是意大利人，所以她们会创造中西结合的各式比萨，基本上每次都很成功。

她说自己不是富裕人家出来的女儿，能够得到留学机会完全出于偶然。在她初中时父亲有了外遇，要跟母亲离婚；那位所谓的第三者是个大方有钱的女人，给了母亲一笔可观的补偿费用。于是她得以顺利读完高中，然后申请去留学。

我跟她聊起来最近国内社交网络上很流行的一句话，叫作"命运的齿轮开始转动"。后来逐渐转变成"命运齿轮有时候向前转动，有时候又是往后转动的"——意味着人的际遇不一定是前程无量，向上攀登；也会有突如其来往下坠落，或者是处在一种慢慢下滑的状态里。

"但是，这些好像都不是我们自身能够决定的。"我解释说，"即便可以控制大方向，即便可以尽量趋利避害，但是很多时候不得不说，有些人和事的起起落落，真的不是我们可以预见到的。"

女孩答复说，小时候她母亲总是唠叨着"性格决定命运"，所以一直耐心养育她成为一个乐观有韧劲的人。"现在想来还是很感激妈妈，她经历过不幸的婚姻，但她不会把全部错误都揽在自己身上，尽管很多亲戚对她指指点点——但她还是厚着脸皮，收下了那笔所谓的补偿，换来我后来开阔的人生体验。"

"因为害怕我有心理负担，觉得牺牲了妈妈的幸福才拥有自己的幸运人生。所以她叮嘱我说：不要高兴得太早了！人生很多事是很难讲的，所以不要提早下结论。要好好念书，但也不要觉得是为了妈妈才要好好读书——这是你自己的事情。"

女孩说，很长一段时间，她都觉得自己配不上目前所拥有的生活；但另一方面，她又因为家世积累不够，自己的才华不足以在艺术学院里立足，"更何况，这里可是巴黎啊"。但是经由过去那几年难忘的时光，当整个世界处在一种不知道病毒走向的低潮中的时候，她第一次为自己拥有一门喜爱并善于下厨房的手艺而尤为感激——感激小时候听到母亲在厨房里的唠叨，感激自己继承了这份唠叨背后的果敢和坚韧。

她还说起自己的孤独。刚到巴黎时候是恐慌，如今已然熟悉这个城市的许多角落，仍觉得内心深处是孤独的。

她问我对此有何感受。我答复说，从小镇到城市这十多年来，我也身处在不同时刻的孤独中。“但是好在命运待我不薄，或者说是年少时候性格的沉淀与种植，我可以确认自己喜欢身处在一种漂泊中，并且学习到如何在流动的水域中安置自己的河岸。”

“你喜欢的是女孩子，你不会是所谓的主流人群。我不再向往婚姻，我也不会是我周围人眼中的主流人群。但是不管怎样，我现在已经明白了，每个人都是独一无二的，也都应该过上一种独一无二的人生。”

“他人的生活可以成为我们的参考，但是到最后，一定（也必须）会是命运将我们拉扯、纠正、牵引，继而引领到那条叫作‘属于自己’的道路上。所以，担忧是难免的，但是恐惧却不再是必要的。”

“那你觉得，必要的是什么？”她发问道。

“我觉得啊，那就是随时随地愿意起身，走到厨房里，给自己创造出来食物，这样类似的时刻，才是必要的吧。”

一饭一粥，每份餐点，每一杯酒，每一次散步，从黄昏到日落，诸多的静默与聆听——那些与自己相处的时刻，会是我们这样有些表面性格闭塞，但是内心无比丰富的女性，应该拥有的生活方式。

这世上不会有另外一个娜塔莉，但这世上会有很多如同我的这位读者“青蛙女孩”一般的年轻人：在命运的齿轮尚未开启隆隆转动的年岁里，一面充满期待，另一面又处在担忧的矛盾中。

没有人可以真正告诉她什么是正确的，什么又是不应该做的。就如同我当初也没有被告知过任何跟对错有关的指南。一切的一切，都是因为我已经去做了，于是被人点评说，你这样是不对的。

几乎很少有人说，你这样做是对的。而命运尤为奇妙的是，那些被别人觉得并非正确的选择跟路途，却转化成为可以守护我的灵魂领地的能量。

究竟怎样的选择，怎样的人生，才是对的？许多年后，我在一本古老的书中得到了一句简单而惊人的启迪：从来就没有对错之分，只有合理与否。

“二元世界是一种幻境。”

“你喜欢的，你愿意付出的，你能够承受的，那就是合乎情理的选择与人生。”

我终于恍然，哦。

但我仍旧没法将这份启迪直接转达给这位“青蛙女孩”，她有自己的路途，她有自己命运齿轮的节奏。毕竟，这是她的人生，对吧。

“你说我们将来会见面吗？”我在午夜收到她在巴黎黄昏时分的问候。

我答复说：“我期待会有那一天。”

她又问：“那我们的暗号是什么？”

我嘴角上扬，立刻答复了一句：“朱莉跟朱莉娅干杯！”

她立刻就明白了我在说什么，接连发来一连串鼓掌高兴的表情：“对对对，朱莉跟朱莉娅干杯！”

那是一部与巴黎，与美食，与找寻自我有关的电影《朱莉与朱莉娅》——就像我知道“她一定会知道这部电影”一样，她也许早就知道，当打开邮件开始写信给我的时候，决定分享一个怎样的故事，会让我有想要与之交谈的意愿。

她是聪明的女孩，我是幸运的收信人。

我决定起身，去厨房倒一杯红酒，为这样的午夜而干杯。

亦为将来有可能的那场相逢与拥抱，干杯。

成长啊，少年

✽权蓉

秋天的午后，有一大段午休时间，我们坐在学校公园里最大的一棵梧桐树下消磨时光。离上课时间还有七八分钟时，四散着往教室跑，在楼梯口与踢完球满身臭汗的男生们狭路相逢，谁也不让谁。

男生们说不过我们这帮伶牙俐齿的女生，便拿和我们站在一起的陈墨开涮。陈墨的精致干净让很多女生都会自惭形秽，所以这样的男孩子在一帮格子衬衫就是潮流的男生堆里十分受他们的鄙夷。很老套的说辞，说陈墨和女生混在一起不像男子汉。

荷尔蒙爆棚的男生们热爱一切体育运动，哪怕课间几分钟，也要争分夺秒地在走廊上运球、传球几个回合，一个个黑炭似的不闹一身臭汗回教室就好像对不起雄性动物的称号。陈墨也运动，但和他们不一样，甚至学校里的女生都没几个做这项运动的——瑜伽。

陈墨练瑜伽时的照片完全就是瑜伽馆的活广告，有大批女生跟风去练过，但留下坚持的人极少，不像陈墨，完全就是日常。

课外拓展活动，选项目搭配人员，很多男生选航模车模之类，陈墨却有做微型景观的全部工具，一组队，陈墨的队伍就特别受女生欢迎，男生们又老调重弹地嘲笑，说他跟个女生似的。

其实陈墨在女生群体中受欢迎，和他的性格好、知识渊博分不开。大概就因为如此，男生们有意无意地把陈墨排挤在外，叫他的时候也阴阳怪气的。有好事的男生，给陈墨取了个外号，叫墨酱。

开始女生们反感，后来却又觉得这名字可爱，也就跟着叫了。

所以同一个名字，厌恶的人一个腔调，喜爱的人又一个腔调。

学校六十周年校庆，每个班级都要给学校献礼，正值我们高三，大家一方面想别具一格傲视群雄，一方面却又不想花太多时间准备。

陈墨站起来，说他原来做过一个学校

的全景景观盒，可以拿出来再包装包装，当班级礼物送出去。有反对的，不过多数人同意，这个提案通过了。

高三那么忙，陈墨每天都坚持给自己一点瑜伽时间，但是为了改造景观盒听取大家意见，他把瑜伽停了，和大家探讨细节。

有调皮鬼说，又不是房地产开发的沙盘，那么逼真干吗，做个Q版有朝气的就可以。还别说，陈墨还真做出来了，把我们学校那些宏伟的雕塑全部做了另类的可爱样子，还有待改的几处，做完就能收工，那真是一段清朗又美好的时光，如果不是景观盒被毁了的话。

那天是段考完排名，学校为了拉士气，用最原始的方法——张贴红榜，大家看完榜回来，发现景观盒从后面的置物柜上摔了下来。

一看就是故意的，和不小心打翻的不一样，因为连固定用的亚克力底板都不知道被什么弄破成几块了。

一时大家愤怒不已，火气一过，又互相怀疑。

几个平时爱挤对陈墨的男生被大家列为重点怀疑对象，他们自然反驳，说不会做这么不光彩、不磊落的事情。几天后有私下的传言，说是班里谁谁谁出于嫉妒给毁了，不过这事成了无头公案，到底也没有个结果。

毕业后大二的冬天，张罗同学会，只少数几个人没来，陈墨也没到，席间提起，有考到同一个学校的姑娘说他正在创业。大家面面相觑，毕竟好多人都还是伸手党，不过很快话题就转了——说社团、说迎新、说考研、说直播、说游戏……后来话题兜兜转转，又转到陈墨身上。问他创业准备做什么，同学说开瑜伽馆。那些男生一如当年地笑起来，说墨酱这家伙打算一直当女性之友了。自然，陈墨的朋友们立马怼了回去。

陈墨一开始在他们学校办了一个瑜伽社团，后来遇到了几个志同道合的人，就干脆在外面找地方开了瑜伽馆。他将花草、微景观和瑜伽结合起来，做了一系列的灵性课程，吸引了很多人。因为会员太多，原来的店已经不够用，所以准备再开一家旗舰店。正值寒假，他去看场地做调研……

听到这儿，大家的画风一时就拐了弯，真应了那句话：当你比别人强一点的时候他会嫉妒你，而当你比他强很多的时候他只会羡慕你。

大四毕业季，有的人成功拿到offer，有的保研继续待在象牙塔，有的一团乱麻。这次同学会没大聚，陈墨反而到了。他个子高了很多，可能因为创业打理各方事务，整个人沉稳不少。大家聊未来发展，说彷徨之心，他却更愿意聊高中生活。席间不免提起高三时那个景观盒子，陈墨突然来了一句，说他知道是谁砸的，因为他看见了。

我们的八卦之魂立马熊熊燃烧起来，想知道是谁，可陈墨的嘴太严，一点有效消息也没有透露，反倒说了另外一番话。

陈墨说，其实当时老被男生嘲笑，他也很难受，所以校庆的时候，才主动承揽了那么个活儿。说白了，就是想讨好大家，因为高三了，想留个好印象。他花了太多时间在那个景观盒子上，自己也知道不可取，但是控制不住。没想到阴差阳错的，让人给摔了，再不用在那上面花费精力，也算是天意。

听他这一番说法，我们也愣了，一时辨不出真假。但我想，他大约说的是真的。

因为他变成一个自我掌控的人——他穿的不是学生时代被女生追捧的藕色衬衫，而是被嘲笑的格子衬衫。

消除恐惧的最好办法就是面对恐惧

✽ 陈谌

我差不多是在七八岁时候学会的游泳。其实在那之前我每年夏天都会跟我爸妈去游泳，抱着游泳圈在水里漫不经心地蹬着腿划来划去。与其说是游泳，不如说是“泡澡”更为贴切一点。我爸妈也曾试图教我游泳，但因为我抱着泳圈拼死反抗，最终都不了了之。

事情的转折发生在我和表弟去游泳之后，表弟的爸爸也就是我的姨父，他教游泳就显得没那么客气了，不仅直接没收了我的游泳圈，还摆出一副非常凶的样子逼我往水里钻。我只能硬着头皮强忍着泪水服从命令。可呛了几口水后，我莫名其妙地就这样浮起来了，从那次以后我去游泳就再也没用过游泳圈了，在水底也丝毫没有了恐惧感。

成年后我试图教一些朋友游泳，但最终基本没有成功过。他们总是会用惊恐的眼神看着我，说自己非常怕水，这辈子都不可能学会游泳的。我当然不可能像我姨父似的逼着他们把脑袋往水里扎，一方面体格上不一定打得过，另一方面成年人的心理障碍都是日积月累且根深蒂固的，如果他们主观上不愿意逼自己一把，外人怎么逼都没有用。

说直白点，就是他们并不是真想学，也没有打算突破任何舒适圈。他们来找我仅仅是把一个自己无法解决的问题抛给了我而已，妄图某个高人能用低成本又高效的捷径让他们迅速获得技能。

所以当我们谈所谓“人的潜力”的时候，谁都知道人有无限的潜能，可以通过努力完成很多自己想象不到的事情，但真正缺乏的不仅仅是恒心，更多的是一开始的决心和动机。

我从小就是一个非常怯场的人，这是天生的性格，因为不自信和缺乏安全感，导致害怕别人的眼光与评价。幼儿园时候有什么表演节目，我都躲得老远，上小学以后在很多人面前说话就会手心冒汗、心跳加速，更不用说唱歌演讲这种光是想起来就要直接晕倒的事情了。

上高中以后，我有天忽然意识到自己不能再这样下去了，倒不是因为受了什么刺激，而是我有点瞧不起这样的自己，于是我开始逼自己去做一些匪夷所思的事情。记得高中第一次军训的时候，我主动在所有人面前唱歌，甚至去报名文艺汇演的主持人。这是我第一次试图去突破自己的舒适圈，就好比当年第一次丢掉游泳圈往水里钻时一样。

后来我发现这一切远没有想象中那么可怕，当我最终站在台上的时候，虽然真的非常紧张，但好在不是只有我一个主持人，整个过程还算顺利。

我并没有满足于此，不久后我报名参加了一次学校举办的原创音乐比赛。那时候我刚学吉他，也并不太懂作曲，比赛前三天草草写了一首歌就去了预赛现场。还记得那是一个阶梯教室，坐了不少同学。我抱着吉他坐在台上，忽然双手开始剧烈颤抖起来，导致我最终一个音都没弹出来就在众人的起哄中狼狈地下了台。

我原本以为那一次主持经历已经让我克服了怯场，没想到自己过分乐观了。有趣的是，当有过如此这般堪称被打入谷底的糟糕经历后，内心深处反而轻松了不少，因为你知道该丢的脸已经丢完了。

于是经过了一年的练习与准备，以及无数次小规模的表演的锻炼，高二时，我和另一个学长一起在全校的报告厅参加校十佳歌手决赛，得了第五名。

再往后到上大学时，“怯场”就再也不是我的心病了。我不仅再次拿了十佳歌手，还组了乐队，参加过无数次晚会演出，甚至在校外的酒吧里唱过歌。我变得更加自信，也更加成熟老练，还结识了许多好朋友。

毕业之后多次在各地的书店与大学表演与签售，我印象最深刻的一次是在某个大学做活动时，临上场前半小时才被告知当天的内容是演讲。我在完全没有任何准备的情况下，一个人在台上拿着话筒即兴讲了一个多小时。

从台上下来后我感慨万分，倒不是讲得有多好，而是在那一刻忽然回忆起当年的自己。从一个抱着课本都不敢在全班面前朗读课文的孩子，成为一个能够在几百人面前冷静应对突发情况的脱稿演讲者，在这个漫长的过程中所经历过的尴尬、挫折乃至痛苦，真的是难以想象的。

这或许并不是一个多有代表性的案例，但我想用自己的例子说明，任何你以为自己做不到的事情，在心理上无法战胜的恐惧，都是能够实现的。关键就在于你是否真的愿意迈出那一步，哪怕稍微逼自己一下。

我看过无数类似的例子，所谓的“激发潜能”，掌握什么厉害的技能，说到底在一开始都仅仅是朴素地去做，把“这事儿不可能”的想法丢掉而已。至于有没有毅力去坚持那都另当别论，百分之九十的人连“试试”的想法都未曾有过。

所以后来有人说想学游泳，我都会问他一个问题：“你这辈子，除了意外情况，是否主动让自己呛过一次水？”毕竟你连失败是什么滋味都没尝过，谈论成功那真的是过于遥远的一件事情了，好比对我而言，比第一次上台主持更有价值的，反而是那次狼狈下台的经历。消除恐惧的最好办法就是面对恐惧。当你有过类似的经历后，你就会发现好像很多事情也没有想象中那么困难了。

总之，一个人的潜力能有多大，得问问你自己内心对于一件事物的渴望有多强烈。试着踏出离开舒适圈的第一步，试着去做，大胆而坦然地去失败，你就会发现很多事情真没你想象的那么遥不可及。

辍学并不是一件很酷的事

✽陈若鱼

01

亲爱的小敏，上周听你姐说，你又来厦门了。

两周前我为你饯行时，你说不管是继续上学还是学点儿东西都好，总之你决定留在湖南老家，没想到这么快又变卦。

就像是夏天时第一次见你，坐在我旁边，脸上有几分青涩，穿着非常可爱的粉色短袖和运动鞋，我看得出你年纪很小，但是当你姐说你 1999 年出生时，我还是忍不住惊讶了一番。

天啊，你小了我整整九岁。

一开始我以为你只是暑假来厦门找你姐玩，没想到她说你辍学了，要在她的工作室里做化妆学徒，你放下筷子纠正道：“不是跟你说了，我不想做化妆学徒，我想做摄影师。”

一顿夜宵还没吃完，你又变卦了，你说你想了想还是决定做化妆学徒。

你姐白你一眼，不再搭理你，似乎变卦已经是你的习惯行为。

当然，你才十六岁啊，还没有到一个能为自己决定未来的年纪。

可是这样的年纪，你为什么不选择跟同龄人一样继续读书呢？我这样问你的时候，你吃了一块芋头跟我说："因为我觉得辍学很酷。"

每次我去你姐的工作室，你都坐在电脑前。我问你有没有想清楚要做什么，你一脸茫然地摇头。

我问："你没想过要上大学吗？"

你停下鼠标振振有词地反问我："新闻上说现在大学生都找不到工作了，上大学是唯一的出路吗？"

上大学当然不是唯一的出路，这个世界上有大把没念大学依然飞黄腾达的人，但是现在读大学已经不是一个用来拿文凭标高身价或者升官发财的桥梁，它是你人生的开端，你可以在这种没有压迫性的环境下，形成独立自主的人格，建立正确的价值观和人生观。

你还要知道，大学时代将是你成年以后和成熟之前的过渡期。

我也曾和你一样觉得念大学没用而辍学很酷，所以高考前别人紧张到内出血的时候，我大手一挥潇洒地逃离了学校。父母甚至扬言不要我这个女儿，我还是任性地跑去了武汉。

半年后我从武汉回来，他们依旧做了一大桌子的菜为我接风洗尘。那个时候我以为我胜利了，其实我只是没有意识到，父母之所以这样妥协，只因为他们是父母。

你选择的道路，其实并不会影响别人，无论结果好与坏都只能你一个人承担。

因为没有经验和学历，我浑浑噩噩地在武汉做了两年的店员。二十岁那年我来了厦门，我不想再做店员，想找一份办公室的工作，一年四季吹着空调，不受风吹日晒，享受国家法定假日。

可事实并没有我想的那么简单，十个招聘启事里有九个写着专科或本科学历要求，那时我简历上的"高中"两个字让我第一次有了挫败感。高学历在这个社会和职场里就是百分之百奏效，学历的高低不等同成就的高低，但在你初入职场时，你的学历会决定你发展的范围和方向，那时候，你一定不会像现在这样茫然，反复变卦仍不知道自己想要的是什么。

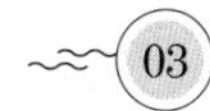

上个月，你姐在朋友圈里抱怨，说她快被你气疯了。

因为你学化妆学到一半突然不学了，你说一天到晚给别人化妆实在太累了，你姐安排你跟摄影师出去拍照，你被海边的大太阳晒到鼻梁发红后又决定放弃摄影。

我完全可以理解你的感受，毕竟你才十六岁。

来之前我刷到你的"空间说说"，最新一条写着：人生为什么如此艰难。还配了一个痛哭的表情。

你知道吗？经常有人问我有没有后悔没上大学，我每次都摇头。我确实不后悔，但是我真的很遗憾，我没有在应有的年纪享受人生中最后四年无忧无虑的生活，我错过了跟室友们一起彻夜讨论电视剧，或者一起去食堂排队的日子，错过了天天在图书馆看书看到睡着，错过了毕业论文通过时那种兴奋，错过了在学生时代谈一场风轻云淡的恋爱。

所以，我不希望你也错过这些。

近两年青春校园题材电影泛滥成灾，人们花钱去电影院不是想看剧情怎样动人，演员多么养眼，只不过想要在那些青春影像里找到一丝似曾相识的影子，或者缅怀一下自己的校园时光，然后流着眼泪抹着鼻涕怀念一把学生时代。

而你高中都没有念完，跟我们一起去看青春电影时，你百无聊赖地玩着手机。电影中高考后的狂欢，现场有人感动落泪，有人大笑不止。

那一刻，你应该跟我一样也感受到这其中的落差了吧。

你是在跟你姐争执一场后决定回湖南的。

我给你饯行的那天，你不像之前那样笑着，而是眼眶红红地低着头，我猜你这副表情应该不完全是因为跟你姐的矛盾，你应该也感受到了来自社会的恶意。有可能是被客人投诉，有可能是对未来感到迷茫，甚至有可能是你意识到了自己当前错误的选择。

这种恶意，十六岁的你还不能够承受，所以你选择回去。

你回老家以后确实去了几天学校，但你觉得自己在往日的同学中已经显得格格不入，你吐槽他们不入流的打扮，他们看不惯你的洋气装扮，从前的好朋友也一拍两散。

我看得出你是个挺聪明的女孩儿，像这世上所有十六岁的女孩儿一样天真无邪，只不过是一时陷入了青春期的迷茫。

你还有两年高中，四年大学，总有一天你会怀念这些校园时光，你会因为还能够逃课而惊喜，会因为能跟爱慕的少年约定考取同一所大学而雀跃。学校并不是困住你的牢笼，那是你错过后就再也回不去的时光。

今天傍晚，我去你姐的摄影工作室见到你，你剪了齐耳短发，穿着与年龄不符的白色衬衣，穿着破洞牛仔裤和高跟鞋，正在QQ上跟客人谈单。

你姐说，你最终决定做一名网络客服，因为你说一天到晚在工作室里，不必风吹日晒，跟客人聊聊天就能赚钱，这样的日子比学校有趣。

我决定找你谈谈，哪怕穷尽语言也要劝你，但是你明显听不进去，连跟我谈谈的耐心都没有。你一边打游戏一边聊天一边谈单，客人刚有想要下订单的意愿，我就被你晾在了一边。

年轻的人总是善变的，我真的不相信你说要好好做客服的话。不过我还是要再提醒你一次，如果你心意已决要摆脱学生这个身份，投身于职场，尽管你才十六岁，还是个学徒，但你还是应该让自己具备作为社会一员的职业技能，以及一个工作者的责任心。

不仅要对得起你的老板，还要对得起你的良心。

大学里最后一次考试

✽尹维安

大学里的最后一次期末考试结束得并不愉快。

一切照旧——依然打印了十多页材料，依然用记号笔标记了整本书的重点，依然熬夜背到凌晨三点，背完之后依然觉得这一切都很没意思。

我对于大学里的期末考试充满了怀疑，就比如这学期的最后一门考试，开学时发了课本，但是老师上课时从来没有对照课本讲过课。该科老师是从美国留学回来的，这个老师课讲得还不错，课堂上会尝试和学生做实打实的交流，我教评的时候还给了她很高的分数：一是因为她的课堂活跃、不教条，二是因为她曾为营销人、广告人，我和她课下的交流很愉快。

这位老师很少点名。有些同学以准备考研为由常常缺课也不受怪罪，课堂讨论较为轻松，课上分享想说什么就说什么，就算说得不是太好，老师一样带头鼓掌。总之，在这门课上，老师给了大家充分的自由，师生之间的相处是舒服的。

也正是这样一门课的期末考试，竟然要从课本上出题，也是到了画重点的时候很多同学才想起来——哦？我们还有课本？

老师也很无奈："我也不是一个喜欢应试教育的老师，但是没有办法，请大家理解一下。"

我们没有不理解的权利，因为试卷分数和绩点挂钩，而绩点对于大学生来说，依然是放不下的心结。

我有时候对大学教育体系的情感很矛盾：这门课我很喜欢，也学到了很多东西，但我真的不明白，把那些知识点一字一句地背诵下来然后填写到卷子上的意义是什么？

在大学里，分数和排名真的那么重要吗？

大学里最后一堂考试前的那天下午，我路过教学楼的公示板时看到一则通报批评：我们学院同年级一个同学上午考试作弊。虽然只透露了这个同学的姓，名是由“某某”替代的，但因为那个姓不常见，因此大家一眼就能知道是谁。

我着实惊讶了一下，因为这个“× 某某同学”是个不折不扣的学霸，考过好几次班级第一，也是学院里的标兵和奖学金的获得者，平时看起来也是很努力的样子，难道学霸也会作弊吗?

到了考场，坐我前面的一个同学问我：“看到通报了吗？”

我说：“不会吧？”

她说：“我也觉得不可思议，但好像应该就是她。”

大家都刻意避免谈论她的名字，不能避免的是惊讶和不嫌事大的吃瓜群众心态。

在我们学校，每场考试时，老师都会在黑板上书写警示：“考试不过还有机会，考试作弊取消学位。”真不知道学霸同学为何要冒这个险，在倒数第二场考试时栽了跟头。据说她本人也真的去教务处签了字，惩罚会兑现。

其实也可以理解，一个习惯了名列前茅的人，一个习惯了教育体系中的高处胜景的人，宁可铤而走险，也不愿意排名下滑。

我还依稀记得她站在表彰大会上领奖的样子，这样一个被学校塑造的形象忽然倒下，让我想到之前文学批评课上讨论的《芳华》：刘峰是一个“从神坛上跌落下来的人”。

所有的荣誉，在这一刻飘零散落。

在大学里，有时候学习和考试就是两回事。你可以把考试看作一个很功利的行为，但一定不能把学习看作一个功利的行为。

考试是你获得成绩以追求其他东西的一种凭证，这就和你努力赚钱买贵的衣服、鞋子、化妆品是一个道理。但学习不一样，学习是不可能用排名、分数去衡量的。

以前看电影《无问西东》的时候，哭到不行。我并没有被很多所谓广博、深刻的情怀打动，只在那些年轻生命自我选择和追寻的过程中看到了自己的影子和自己缺失的部分。看哭我的场景是西南联大破旧、简陋的校舍下，先生正在给学生们上物理课，雨季一来，雨水落在铁皮屋顶上，响声太大，学生根本听不到先生在说什么，先生提高了声音，在黑板上写下提示，大家还是听不清，教室里的学生开始焦躁、喧闹起来。

最后先生闭口不言了，抬手在黑板上写下四个字，学生们都不说话了。先生写下的是：“静坐听雨。”

多美啊，苦中作乐，困境里也能为自己找到浪漫的时刻。

大学里最重要的事情是什么?

成绩、排名只是我们通向某个去处的一纸凭证而已，不是说不重要，而是你要想清楚，它们对你而言有多重要。

我的本科大学并不是最出色的，但我始终觉得这不是妄自菲薄的理由，每当看到我的朋友、学长学姐、学弟学妹，在写诗、做国际义工、组建乐队、表演话剧、众筹自己的第一张专辑、创业……在做一切可以表达他们自己、帮助别人、为这个世界带来一些改变的事情，我就觉得很感动。就像电影中空军教官说的：“这个时代缺的不是完美的人，缺的是从心里给出的真心、正义、无畏和同情。”

大学的意义是帮助我们脱离一个群体的衡量标准，找到自身的评价体系，是从崇拜集体主义下的“优秀”勋章过渡到建立自身的满足和成功。

不是让你去成为别人口中的第一，而是让你弄清楚自己是谁，需要什么，能为这个世界做些什么。

高考不是我一个人的战役

✿ 吴梦莉

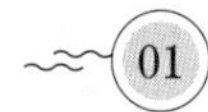

01

那年七月，母亲陪我一起，将课桌搬到了山坡上的高三部。傍晚时分，天空红得仿佛燃起了一场大火，而橘色的晚霞则是落在我们身上的滚烫的尘屑。

“没事的时候，你多往窗外看看，对眼睛好。”临走时，母亲如此叮嘱我。而我一声不吭，只将拳头攥得更紧，以此表达心底的不满：那是最为艰苦卓绝的高三，我怎么会有“没事”的时候？

早上六点钟起床，跑早操，读英语，然后用最快的速度吞咽下一个包子，把前一天不会的题全部标红，赶在老师进教室前去办公室问清楚……

教学楼前挂着大红横幅，上面写着“今天不流汗，明日便流泪”。我不想流泪，便只能将自己的每一秒时间都用学习计划塞满，好像如此就能换来一个不那么单薄的未来。

一切正如博尔赫斯所说，“生活是苦难的，我又划着我的断桨出发了”。

而母亲对我经历的苦难一无所知。彼时，她正在一家生鲜店做采购，每天凌晨三点钟起床进货，等我下晚自习回家时，她早已睡着，长长短短的鼾声与笔尖的摩擦声相互应和，蚕食了浓厚黏稠的夜——

我们有那样深刻的血缘关系，甚至，我来自她，可是我们却只能在各自的人生中沉默对望。

高三第一次模拟考，我只考了四百多分，排名落在了年级五百名之外，与理想的大学相差十万八千里。试卷发下来的时候，窗外晚霞漫天，彩云仿若翻涌的春潮，而我不知怎的，忽然想起一句话：“你不觉得晚霞很美吗？我只有看着这个，才能每天坚持走下去。”

可是啊，彩云易散，届时，人仍继续前行，哪怕一片漆黑，哪怕不知方向。

02

学校食堂的饭菜实在难以下咽，因此，我每天中午都会回家吃午饭，并且午睡。

那时，我正因为焦虑而频繁失眠，夜

里翻来覆去地睡不着，只能睁着干涩的眼睛看天花板，想象一个城市的疲惫在我的头顶跳舞，有粉红色的鸽子扑棱着翅膀飞起，灰尘像星光一样铺满地面……

想到昏昏沉沉入睡，却连梦里都有红红蓝蓝的试卷，不会做的题目像野兽一样朝我袭击过来，以至于我连醒来都是慌张的。

久而久之，我的脾气变得暴躁，难以捉摸，无法容忍一丝噪声的存在，就连筷子碰撞瓷碗碗口的声音，我都将之视作挑衅，继而与母亲爆发激烈的争吵。

后来，母亲把家里所有的餐具都换成了塑料制品，并且在我午睡时，沉默地在沙发上枯坐半小时，仿佛在完成一场艰苦卓绝的修行。

可是，这无法安抚我。次年六月的高考像一把高悬于头顶的达摩克利斯之剑，剑一日未落下，我的灵魂便一刻不得安宁。

高三上学期便在反复的自我怀疑中走到了终点。整个寒假，我都裹着羽绒服待在家里发呆，阴郁，乖戾，不说话，也不联系任何人。后来，母亲担心我出事，说：“我们出去转转吧。”

那天，我被母亲硬拉着出门办年货。途中，她看见其他人在用手机拍照，便也要给我拍一张看看。我拗不过，只能冷着脸让她拍，好不容易拍完，就听见她一个人在那絮叨：“你看你多漂亮啊！”

可是，那称得上是漂亮吗？照片上的我，身材臃肿，肤色暗黄，脸被帽子挤成正方形的样子，两眼无神，脑袋肿大，说是怪兽也不为过，怎么好意思用“漂亮”二字形容？

换成现在，我肯定会明白这是来自母亲善意的宽慰，但是当时的我几乎被自卑折磨得失了心智，因此只能大吼着发泄自己的难过。

最后，我们俩不欢而散。我独自蹲在街上大哭，想母亲临走前抹眼泪的动作，想她同我说的话——

“你别这样，考不上大学就算了，我们只要你好好的……”

高三下学期，学校举行了百日誓师大会。教学楼前拉了大红色的励志横幅，校长站在升旗台上滔滔不绝，学生们站在台下，心脏因为那些“未来”“荣耀”一类的字眼而激动地跳动起来。每个人都热情高涨，每个人都心潮澎湃，唯独我抬头，看着浮云如白衣，心想：“我不要勉强了。”

一直以来，人们赋予了高考各种神圣的光环，仿佛只要高考成功，人生便走向了辉煌。可是，那只是一场考试而已，无论失败与否，它都不足以决定我的人生。

高考那天我照例回家午睡。迷糊间醒来，看到母亲举着竿子在粘窗外树上的蝉。夏天的树郁郁葱葱，像一捧碧色的玉，而她赤着脚，身体微微前倾，手上握着纤长的竹竿，像一个一往无前的战士在挥舞手上的旗帜。

那一刻，我终于明白自己一直以来的荒谬：我总以为高考是我一个人的战役，其实不是的。我历经的那些挣扎与痛苦，都在母亲那里翻了倍，成为她的劫难。而她沉默地忍耐着，任凭汗水自额头上滴落，落在地上，然后蒸腾上升，变成笼罩在我头顶的一朵云，一朵彩色的云。

可母亲不是易散的云，她是当空的云，“当年明月在，曾照彩云归”。

高考出成绩那天，母亲仍在店里工作，一个人蹲在地上，将卖相不佳的蔬菜一一挑拣出来，放进“促销”篮子里。

我飞奔进去，告诉她我的分数足以上一所重点大学，她随口应了一声，然后抬起手，用袖子挡住了眼睛。

写给自己的退稿信

✽ 凉茶

2019年，我阴错阳差地来到一座沿海城市读书，开学的第一周，便经历了一场车祸。车祸发生的两天前，我收到了一封退稿信，其中的一个理由是“缺乏青春的朝气”。

车祸那天，我骑的电动车与一辆突然拐弯的小轿车相撞了。那时我正要去给我新买的“小电驴”挂牌，让它成为一辆合法的代步工具。

同伴把我送到了校医院。校医院的医生帮我清理脸上和腿上的伤口，一边清理一边说：“小姑娘真可怜。”那一晚，我艰难地爬上宿舍的铁架床，一阵一阵的刺痛从手腕蔓延到肩膀，让我不敢大口呼吸，我一夜未眠。这让我意识到，除了皮外伤，可能还有更严重的问题。

第二天我又去了校医院，那里医疗条件有限，只能拍X光，检查的结果就是简单的软组织挫伤。医生劝我不要紧张，好好休息几天。可是我已经连抬手这样简单的动作都没办法完成了。又过了几天，我才去大医院拍了CT，诊断结果是骨折。断掉的骨头是组成手腕关节的8块骨头中最不起眼的一块，像一条小船被一众小骨头遮挡着，所以X光拍不到它。医生说那块骨头叫舟骨，天生血运差，容易坏死，不容易愈合。

我抱着侥幸心理选择了保守治疗，戴着支具生活了6个月。

在这6个月里，我花了很长的时间去适应用一只手生活。

面临无数次组会、论文汇报的我像刚开始学习使用电脑打字的老人，用“一指禅”的方式写完了6门课的论文。这样的体验对我来说无疑是糟糕的。我曾在无数个失眠的夜晚责怪过那个撞倒我的人，也抱怨过命运的不公。

受伤之后，我在校外租了一间小房子，每天傍晚会在走廊上看一会儿日落。我曾经以各种各样的方式描述过夕阳，但那段时间我成了“哑巴”，只能安静地等待天色暗下去，然后坐在电脑前打开一盏小台灯点开文档。我需要花很长时间思考，然后花更长时间将思考出来的文字输入电脑，再暴躁地删除。我简单粗暴地将这种负面情绪的来源归结于“写作”。因为要时常打开邮箱发送课程论文，所以我总是会看到那封退稿信。

“缺乏青春的朝气。”

没错。

风扇搅动着南方9月燥热的空气，我的衣服像融化的糯米纸一样黏在后背，风缓解不了丝毫。那封退稿信，像预知了我未来的生活一样，存在于我的邮箱里。

手腕断掉的那一块小小的骨头仿佛成了一个看得见的“伤口”。在停止写作之后，我开始觉得自己懒惰，或者说迟钝。我像一只有重重铠甲的甲虫，努力地围绕着一根树桩攀爬。下雨的时候，雨水落在甲壳上只有“啪嗒”的响声，却浸润不了我的心。于是，我让自己接受了这种没有“朝气”的生活。

2020年，我拆下“拖累”了我6个月的支具，又花了很长时间去学习使用那只手。

长时间不使用造成的肌肉萎缩和关节粘连让我开始颤抖，我甚至无法用那只手解开手机的锁屏。于是，我又给自己的迟钝找到了一个新的借口。

我使用不太灵活的手写故事，但是始终写不出所谓的“朝气”。

很长一段时间，我没有写完过一篇文章，我写的每一个故事都在中途收到了一封来自我自己的退稿信。不仅如此，我还隐藏了自己的微博，开始害怕看到编辑发来的消息。

这样的状态一直持续到我成为一个陌生人的树洞。

我在微博收到了一个陌生人的私信。她问我为什么把以前的微博都删了，之后又讲起我曾经发表在杂志上的那篇《惯性失恋》，说我的文字从初中起一直陪她到高中。

被人记得确实是一件值得欣喜的事，但我的心被“没有朝气”的阴霾笼罩，只回复了3个字："谢谢你。"可是那位素未谋面的女生像打开了话匣子，隔三岔五跟我分享她的高中生活，大到高考志愿，小到穿着睡衣偶遇了暗恋的男生。

仿佛剥开了一个还未成熟的橘子，我能清晰地嗅到揉搓橘子皮迸发出来的带着绿意的香气。

那是我第一篇发表在杂志上的作品。我很少去重温自己当年拙劣的文笔，但是在那种不存在的绿色香气中，我开始回忆写作的过程。

相比很多人，我不是天赋型选手，我只是有点笨拙地记录下了与“此刻”发生碰撞的记忆碎片。而每一个“此刻”都将成为另一种碎片，期待着在未来某一天重逢。记录过去与当下碰撞的感受，成为贯穿我大学生活的主线。没错，我很乐意去体会，去感受。

我的手指依然有些不灵活，手腕的三角软骨可能会有一块永远愈合不了的小小伤口。但我已学会接纳这样的自己。

一个多云的下午，天气预报说有阵雨，我看着天空中柔软的云，开始犹豫要不要去超市买菜。决定出门的时候，天空下起了雨，我没有选择回家，而是披着雨衣骑上我的“小电驴”去往超市。

从超市出来的时候，正是日落时分，我看见了一道彩虹，那是阳光与雨水交手的证据。回家的路上，我可能还会遇到阵雨，但也无所谓。我或许应该坦然地承认，每个人都可以是柔软而犹豫的个体，可以失败也可以暂时选择退缩。但我更应该相信，感受刺痛是了解生活边界的简便方式。痛苦和喜悦都值得被记录，这些“此刻”和回忆，不是简单的碎片，而是拼图。

拼凑出的正是“青春朝气”的A面和B面。

在哪个时刻，你选择与自己和解

✽晔卡

偶尔回头看看，发现自己这二十多年的成长，其实就是一个不断从和自己斗争再到和解的过程。在这个过程中，我不断地推翻自己、否定自己，但在某个瞬间我突然明白，其实人首先应该学会的，是放过自己。当我决定不再抱着执念僵持或挣扎，和自己和解的时候，竟然忽然发觉阳光明媚，万物可爱。

我第一次选择和自己和解是在高考前。高三时的我成绩一直不停地退步，经历了三次模考，我从原本的年级三十名，掉到了年级五十、一百、两百名。高考前的最后一次模拟考试，满分一百五的数学我甚至才考了六十多分。我望着数学卷子上令人一筹莫展的红色叉号，觉得自己的人生仿佛被这几道数学题宣判了。

那个时候我每天熬夜到一两点做题，早上六点就起床上自习。我的心态越来越崩溃，身体越来越差，但成绩却只退不进。最后一次模考成绩公布那天，我一个人没出息地哭到了凌晨。哭完我忽然决定今晚不再做题了，给自己冲了一杯甜甜的橙汁，一个人搬着小板凳来到出租屋的阳台。

已经是凌晨，除了楼下的小猫偶尔叫一两下，还有偶尔传来的火车汽笛声，没有任何声音。远处的街灯忽明忽暗，整个世界仿佛只剩下我一个人，万物静默如谜。我抬头看到天空上点缀了好多星星，忽然想到小时候在姥姥家的村里，每个晚上都会躺在姥姥腿上这样抬头看着星空，给每个星星取名字，编些属于它们的故事。现在天天埋头做题，好久没抬头看，都快忘了星空是什么样子。

我忽然想，做不对数学题又怎样，考不上心仪的大学又怎样，承认自己是个笨蛋又怎样？没有人规定我不能做个笨蛋啊。我也不过是这点点繁星中的一颗罢了。没错，我以前是成绩好，可是现在成绩虽不那么好了，我也依然是我自己，爱我的人不会因为我成绩差就不爱我。退步就退步吧，有什么可哭的？既然已经尽力了，何苦天天以泪洗面，还不如让自己开心些。

夏夜的风真的好温柔，它缓缓吹过我肿胀的双眼，我感到久违的舒畅。我想起泰戈尔的一句诗：如果你因为错过太阳而流泪，你也将错过繁星。

那是我第一次选择和自己和解。一念放下，万般自在。经过和自己旷日持久的斗争，我决定接受自己的平庸。那天以后到高考前，一个多月的时间里，我不再熬夜，不再为了节省时间学习而不吃晚饭，不再过量做题。情绪不好就去阳台喝喝橙汁，吹吹风，看看星星。

结果可能因为最后一个月精神状态良好，高考反而发挥得挺好，顺利上了还不错的大学。后来每次回想起来，我都庆幸自己没有硬扛，降低了一直以来对自己的期待。甩开了所谓好学生的包袱，放下了非要出人头地的执念，一切却顺利得出乎意料。

最近一次和自己和解，就发生在几个月前。临近保研，我经过四五月份的准备材料，在六月开始向目标院校投递自己的简历，以期获得一个面试的机会。有一天我终于把该投递的投递完了，长舒一口气，准备休息一下。结果我随意地点开自己发过的邮件检查时，发现一个致命的问题：在两所学校的材料中，我把最为重要的排名证明给插错了，本应是我的排名的地方，赫然出现了我朋友的名字。

我立马开始回忆这是怎么回事：昨天我朋友找我帮她合并文件，电脑桌面上很乱，我合并完发她以后没把她的删掉，结果投递自己邮件的时候没细看就弄错了。

现在投递截止日期也已经过了，我直冒冷汗，陷入了深深的绝望。如果被对方学校老师发现这个问题，可能我先前的努力都白费了。我陷入了自责中：如果发邮件之前再谨慎一点点，会不会就能发现这个错误？

我伤心了一下午，终于决定和自己和解。我安慰自己道：插错排名确实是因为太过大意，但在自己连续工作了12小时的情况下，出现这种错误在所难免。何况如果不是为了帮助朋友，也不会出现这种问题，下次吸取教训便是。

就这样，我原谅了自己，并决定给自己紧张的神经放个假。我点了很多炸串就去追剧了，没有让自己走向自我埋怨的牛角尖，原本郁闷的情绪也逐渐化解开。

最终幸好也没造成特别大的影响，我收到面试通知后联系了老师，解释清楚并改正了原来的错误。

后来回想起那天下午的事，我觉得也是一个很好的和自己和解的经历。我们有时候很容易原谅他人犯的错，却很难原谅自己。对自己的埋怨和苛刻就转化成一个挥之不去的心魔，不停地折磨你，而我们只能自我救赎。就像三毛说的那样：“心之何如，有似万丈迷津，遥亘千里，其中并无舟子可以渡人，除了自渡，他人爱莫能助。”

我常常爱说的一句话是“尽人力，知天命”。真正的顺其自然，并非两手一摊的不作为，而是竭尽所能后的不强求。我觉得“不强求”本质上就是厚着脸皮，和自己的欲望和解。我们的一生很长，不要用单一化的标准评价自己，不要用一两次的得失套牢自己，不要一直和自己僵持着角力。做个且歌且行的旅人，而不是把自己逼成苦大仇深的斗士。希望你在经历很多事以后，也能像殷侯一样，面对他人的质疑，洒脱地说出那句话：我与我周旋久，宁作我。

在爱中学习爱

✽ 苏辛

我父亲为人静穆严肃，对己对人要求都极高。我几乎从未听见过他在别人面前夸奖我。

小学时我是“学霸”，随便考考就是班里第一、第二名。但因为爱玩，也有成绩不稳定的时候。三年级有一次我考了年级第三，应该是班里的第二名吧，已经记不清了。因为一向不是个以考试成绩为内在驱动力的小孩儿，所以这个成绩，我自己还算满意。

放学后拿着奖状先去了父亲工作的地方，打开给他看：“爸爸，我考了年级第三名。”

他从工作中抬起头来，盯着奖状看了一眼，说：“没考第一名还拿来给我看？回家去吧！”

我的眼泪瞬间就流了出来，又不敢大哭大闹，只好低着头，拖着步子，一步一步蹭回家。

幸亏母亲看了奖状很高兴，马上把它平平整整地钉在了墙上，又夸了我两句，我的委屈劲儿才过去。

但母亲的奖励也仅止于此，晚饭时照旧是家常饭菜，都不曾多加一个鸡蛋。于她而言，这样夸我也是特例，因为她根本就常觉得我不够好。对付我，她的绝技是，以我之短，比人之长。

“你看看人家小红，跟你一般大，家里的饭菜都是她和她姐姐做的，人家爸妈都不管了。”“你看看人家小娟，早上五六点就起床背书，你就知道睡懒觉看小说！”

“怎么不说她们都没我成绩好！”

“哟，你还有理了！”此时母亲便要用鞋底子抽我，我只好夺门而逃。

跟我父母形成对照的是，我家有个远亲，他女儿比我大一两岁。我还上初中时，她已读了高中。有天母亲下地干活回来，跟我说，某某在地里高腔大嗓地说，一会儿要回家杀鸡去，因为女儿要回家过周末，而且刚考了英语单科的全校第一。一年后我读了同一所高中，第一次期中考试便考了语文全校第一，回家过周末时饭菜稍微丰盛些——也只是“要给住校生打打牙祭”，并不是因为我考得好，而且，所谓丰盛也不过是有点肉吃。

因为缺少“被肯定”和“被鼓励”，我的前半生都活得过于谨慎和拘束。父母把目标定得那么高，我觉得自己不管怎么做，都还差那么一点够不着。我发现了自身的一些长处，却无法衡量它们有没有价值，有多少价值。而且，因为忙于满足别人设定的标准，就忽略了自己其实也可以有自己的目标，别人的眼光和看法未必是真理。也因此，直到现在，在跟这个世界打交道的时候，我很少建立自己的标准，划定自己的界限，而会更多地观察其他人的标准、其他人的界限。做事之前，潜意识里首先要做到的是“被他人接受和肯定”，而不是“这是我的风格，这是我的方式”。但世界要认识的，不是在别人的标准里做到八十分的你，而是将个人特色发挥到一百分的你。一个人如果按照他人的标准去工作和生活，很难拿到一百分。

当你的价值由别人来判断时，你不可避免地贬值了。

我从未怀疑过父母对我的爱，因为活着的这么多年，生活本身一直在印证着他们的爱。只是，如果当初他们给我的爱里，“我为你骄傲”的成分再多一些，就更好了。从根本上认识自己孩子的个性，给他一些张扬的空间，也许是对孩子最大的爱护吧。

没有任何一种感情生来就是完美的，不管是天生百分之百付出的母爱，还是胸中燃烧着坚定信念的爱情，或者“高山流水遇知音”的友情。我很喜欢肥皂剧中有一些比较感动的情节，就是不管发生多少误会，主角们最终都会把心思坦诚地说出来，最后达到彼此的理解和支持。这大概是爱人、亲人、友人能不断刷新亲密关系，并保持活力的真正办法。而坦诚的基础，是对彼此的信任。只有从根本上信任站在你面前的这个人，才不会把他的理由看成借口，把他用错了方式的关心误解为成心的伤害。

对他人的信任，从根本上，也源自自信。相信自己能获得爱，相信自己值得获得的那些爱，相信会有人并不在乎什么完美不完美，而是喜欢你这个独特的人。

活着的每一天，都要在爱中生存——这个爱，当然不仅指爱情。爱的不可或缺而又备受误解与扭曲，使得学会爱显得尤为重要。

也因此，活着的每一天，都是在爱中学习爱的一天。

学习如何付出爱，如何接受爱，如何延续爱，如何让身边的人幸福。最重要的是，不管何时，都不怀疑爱。哪怕在失去爱的时候，也依然保持对爱的信心。

青春是一场特发性震颤

✽叶梓

一直到高二，我都是一个普通且健康的女孩。成绩排名在班级属中游，长相一般但性格开朗，有两三个可以谈天说地的好朋友。青春在我眼中是初夏时窗外阳光下的树叶，闪闪发亮。然而，所有的美好被一次意外打碎了。

先是吃饭的时候，我发现自己拿筷子的右手微微颤抖，以为是熬夜背题太累了，就没放在心上。渐渐地，颤抖的幅度增大，我端水杯时，常常把水洒得到处都是，偶尔还会被烫伤。最终，我意识到自己可能是病了。

CT、脑电图、核磁共振……一系列的检查后，老妈紧张地向医生询问我的病情。医生是个白发老先生，他早已见怪不怪，下了定论："特发性震颤，常发病于青春期，也许会在某个瞬间自愈，也可能跟随一生。"

特发性震颤！我的世界陷入黑暗。因为双手不可控地颤抖，我的生活变成一团乱麻。系不好纽扣，端不稳水杯……最糟糕的是写试卷、涂答题卡时，无法控制的手颤会把卷子变得脏乱，答题卡也要重新填写。

吃药、针灸、电疗……凡是有可能治病的方法我都去尝试，日复一日，但症状依然如故。身旁渐渐有了非议，甚至有同学故意学着我颤抖的样子，戏弄嘲笑我。我愤怒，我抱怨，为什么？为什么偏偏是我得了这个怪病？一切开始失控。

我的脾气越来越坏，无名火压在心底，随时可能爆发，好朋友也渐渐疏远了我。积压的情绪在一个男生小声说我是怪物之后彻底爆发，我变成愤怒的小狮子上前撕咬扑打，把 1.85 米的大个子吓得连连后退。我被请了家长，全班都知道了我的情况，他们看我的眼神中多了一分怜悯，我变得更加自卑与敏感，像一只蜗牛躲进了壳里，沉默，孤僻。

老妈劝慰我："你想想那些失去双手的人，他们的生活更难，却依然坚强，他们会用脚吃饭穿衣，甚至弹琴。"这样的话只会让我更加愤怒。我原本沉浸在自己创建的美好世界里，却被不可控的颤抖破坏。那种绝望让我觉得自己变成了西西弗斯，推着石头上山，在到达山顶的时候又看着石头滚下去，日复一日，永无止境。此时我才真的明白，灾难落在自己的头上时就是"巨石压顶"。

班主任将我叫到办公室，对我要辞去宣传委员一事，他一脸吃惊的样子等着我解释。我有些懊恼，干脆喊道："我的手不好，您不知道吗？非让我出糗，您才满意？"他的回应不急不躁："能不能胜任宣传委员，看的是策划与执行能力怎么样。你善于思考，文采斐然，手不行，但脑子没坏，你要做的是发挥你的特长，宣传工作是你完全可以胜任的。"

我看着办公桌上的那幅画，知道这是班主任的最爱。画上有深深浅浅的绿色渲染的山峦，起起伏伏，一层又一层。我看到很深的远方，就连天边的太阳也染着希望的绿色。"您要是把这幅画送给我，我就再坚持一下。"我说。他无奈地咧嘴说："送你了，快拿走，别等我后悔。"

不成人，便成"魔"。既然被逼上梁山，我索性一试。我把心彻底放开，专心做好宣传工作。我所写的文章在校园艺术节、作文比赛中都赢得了奖项。我重新有了自信，不再焦虑，脸上也有了笑容。

一直到高三时，我的特发性震颤依然没有治愈。当我看到志愿表的时候，那种撕裂的痛再次袭来。只要一天未摆脱特发性震颤，我就无法随心所欲地报考喜欢的专业。我趴在桌子上望着空白的志愿表发呆，教育、考古、天文……那些我喜欢的专业，却与我无缘。未来无数的可能性，变成"只能""只好"。

班主任再次将我叫到办公室，问我是否记得当初那幅被我拿走的画，还让我猜是谁画的。我自然知道是他画的，因为我早就把这幅画细细检查了一遍，在背面发现了他的签名。

他有些得意，说自己"很有当画家的潜质"。我点头赞同。他却说，那是他的最后一幅画。原来，他从小到大被称为画画天才。可十五岁那年，他生了一场病，等病好了之后，他发现眼前的世界变了颜色，他无法分辨红绿色，从此成了色盲。当时医生给他的病历里也写了三个字——特发性！

"该死的特发性，凡是原因不明、无法解释的病症都归为此。我没有当成画家，也有过抱怨和遗憾。但我成了老师，和喜欢的学生们在一起。我现在常想，特发性让我有了不一样的生活，也许是人生给我的馈赠。"

班主任的话让我知道，每个人的青春都会有许多意外，是随波逐流还是逆流而上，一念之差。

"你不适合站在台前，那就走到幕后，会有更大更重要的世界等着你，勇敢地去寻找真正属于你的舞台。"班主任的话萦绕在耳旁。

考上心仪大学的中文系后，我完全沉浸在文字的海洋。没有人看到我坐在电脑前奋力打字时手在微颤，在他们的眼中，我的文字上下纷飞，蝴蝶般描绘出绚丽的世界。那些青春的悲与喜、泪水和欢笑变成铅字被发表，妙笔生花不再只是单纯的成语，而是从努力付出到收获的快乐过程。

在年度优秀学生演讲会上，我站在讲台中央，紧握双拳，声音发颤："我是一个颤抖的女孩，这颤抖如影随形，无法摆脱。我极力抗争过，也消极妥协过。青春是一场突如其来的特发性震颤，虽然命运让我做了西西弗斯，但我依然有自己的精彩与骄傲。"台下黑压压的人群爆发出一片掌声，我的青春依然灿烂。

青春与特发性碰撞会带来什么？它对我一生的影响是好是坏？如果我是词汇专家，我要追加一句描述：特发性，不明而生，是人生不期而遇腾空升起的烟花，穿过漫长的黑夜，它终会散发出无与伦比的美丽。

妈妈，你能不能像爱猫一样爱我

李雨然

大学第二个寒假，我用奖学金先斩后奏地买回了一只不到两个月的小猫。

养猫是我从小到大的梦想。怎么能不想养猫呢？那样一团毛茸茸、热乎乎、蒲公英一样的东西，睁着圆圆的金色眼睛，迈着小短腿一摇一摆地冲到你怀里。或者只是伸展四肢，圆鼓鼓的小肚子朝上翻着晒太阳，仿佛全世界的幸福都浓缩在这个柔软的小毛球上。上大学后我摸遍了学校每一只猫，橘的白的黑的花的，但凡其卧于我能够到的地方，我上栏杆下泥地也要撸一把，还是无法满足自己日益膨胀的对猫的爱……最后，我下定决心，终于在寒假时，从一个很小的宠物店里订下一只小猫。

付完订金那天晚上，我从地铁站走回家，妈妈出来接我，频频紧张地瞄着我斜挎的背包。我假装神秘，偏过身子拉开拉链，喊她来看。妈妈一边嘟哝“太胡来了，太胡来了，看你怎么跟你爸和你奶说”，一边迫不及待地整个人都凑上来。哈，空的，我怎么可能用背包装着猫回家。

妈妈“哼”了一声，说我还算有点眼力见。我看她明明很失望我没有立刻带猫回来。

妈妈是我的养猫同伙。我订下猫后只告诉了她，我早知道妈妈也爱猫，她对毛茸茸的东西根本没有抵抗力。先前，她有一百万个理由不让我养猫：你还在上学，还要考试，猫咪好贵，你会过敏……但我现在都去外省上大学了，再没有借口能阻止我用自己的奖学金买猫。我以“上学后就让猫陪你们”为理由，顺理成章地将它带回了家。

妈妈被我带去宠物店挑小猫。四只灰黑条纹的小球在地板上蹦来蹦去，妈妈被羽绒服毛领托起的脸红彤彤的，抱抱这只，又抱抱那只。哎哟，怎么都这么可爱啊，她回头看着我抱怨，眼尾笑出花一样的纹路。最后，我们带走了唯一没有开口叫的。

结果这猫第一天晚上就给我们一个下马威，整个家里都是它声嘶力竭的喵喵声，当时不叫原来是厚积薄发。凌晨四点，我睡眼惺忪，和小猫面面相觑。说来也怪，我坐在那儿，它就不叫了。于是我和这小猫咪头顶着头陷入昏睡。

这只叫雨果的猫在我家住下了，想来应该是住得不错，短短十个月长了八斤，如今已经从一只毛乎乎、怯生生的秀气小猫崽，变成一只我需要气沉丹田才能一把抱起来的庞然大物。偏偏妈妈还像一开始一样，捏着嗓子和猫说话：“小雨果，小宝贝，哎呀小猫咪怎么这么可爱啊。”我听得一身鸡皮疙瘩。我说就因为你天天和猫说话，搞得猫也成了话痨，我假期回家少给它吃一个罐头，它扯着嗓子把我从门口骂到卧房。妈妈痛斥我“怎么还吃雨果的醋”，我愤怒地看着猫，猫得意地看着我。

妈妈毫不掩饰对猫的爱。她工作时我去打扰，被她赶回房间；猫去打扰，被她抱起来摸……有时我看着猫咪身体伸展，躺在客厅墙边睡觉，竟有一种难以言述的艳羡之情。

我想，那是因为它能心安理得地享受妈妈的爱吗？

上大一之后，我有时觉得自己和妈妈的身份似乎逆转了过来。妈妈变成一个小女孩，会对猫夹着嗓子喊“宝贝”，在家抱着猫一颠一颠地走路，出门时怂恿我看一场没有约定的电影，向我吐槽她工作中的不如意……妈妈突然开始很频繁、很直白地对我说：“宝贝，你上学会不会太累呀，不要把自己逼太紧了，考试考得不太好也没关系呀，奖学金拿不到甲等也很好。”

最初听到妈妈这么说，我总是在电话里哭出来。妈妈，如果你是在我每一天都过得那么崩溃的高中对我这样说该有多好，为什么到这时才像爱一只什么也不用做、什么也学不会的小猫一样爱我？后来我不再这样在心中质问，我想我一直明白、一直深信妈妈是爱我的，只是从前我并不相信爱可以没有条件。

当我爱着猫的时候，终于明白了自己渴望的爱是什么样子。爱是毫无芥蒂、毫无理由，只是因为看到小猫可以在阳光下行走就爱了；爱是不求一只猫能做成任何大事，只希望它不生病，一直健健康康，每天都能吃下半个肉罐头。

妈妈抱着猫，用额头蹭着它毛茸茸的脑袋时的样子，总让我忍不住幻想，在我也那么小的时候，是否也被她这样抱着？

过往短暂的人生里，我从来不是个活得很轻盈的人，甚至有过痛苦到再也不想站起来，而妈妈总是非常忧虑这一点。她说我怎么没有遗传到她强大的内心、完全不在乎任何眼光的性格，或者是厉害的理科学习能力……但是那些和妈妈一起追着猫跑的日子里，已经长大的我，看着好像在一天天变小的妈妈，终于知道我从她那里获得了什么。

很小很小的时候，我读了一本绘本。主角是一只漂亮的虎斑猫，它活了一百万次，从来不爱任何人，却在第一百万零一次的生命里喜欢上另一只猫。那只白猫死掉的时候，虎斑猫头一次哭了。它从晚上哭到早上，又从早上哭到晚上。哭啊哭啊，猫哭了一百万次，最后，它靠在白猫身边，再也没有起死回生。

我看着自己养的猫，睡觉、吃饭、毫无意义地拍打一下路过的人，然后又睡觉时，也会和妈妈感慨：我好想当一只猫啊。但其实，我想，我早就当过猫了，我也是一只活了一百万次的猫，现在选择变成人活一次。

妈妈，您知道为什么我来到这个世界时那样号啕大哭吗？

因为我终于即将知道，爱与被爱是什么样的感受。

蒙在蚊帐中的青春

✽曾颖

我常去的小理发店的老板娘很郁闷地对我说，她的女儿最近出了问题，想送去看心理医生。她说孩子的主要“症状”，就是大白天把自己关在屋子里，拉上窗帘，也不开灯，但并不是在睡觉，而是直直地坐在那里，还一副很享受的样子。

她的描述让我想起十五岁的自己。

我那时跟她的女儿一样，喜欢把自己关到黑暗之中，但我并不认为那是“生病”了。我的父母每天为生计奔忙，也没有关注孩子心理健不健康的空闲——那年月，人们根本就没有这个概念，能三顿饭填饱肚皮，已是不易。

但是，理发店老板女儿的“病”比我的奢华，毕竟她有房间。而我，只有一顶小小的蚊帐。我那间仅有两片明瓦的小屋，原本就很暗，经年未洗的蚊帐顶上蒙满灰尘，遮光性足够好。我躲进去，把帐门一关，里面就成了我的世界。在这个世界里，天是帐顶，地是床席，中间的枕头、被子和衣物，便是山川、丘陵与河流，我的不多的几样玩具，再加上一副军棋和跳棋的棋子，便是人。

在这个小小的世界里，我是王！

这个喜好，来自我母亲在很长一段时间里迫于无奈的养儿方式。那时父亲在成都上班，很久才回来一次。母亲每天要出门干活，又不忍心硬拽我早起，于是将我独自锁在家中。她每天出门前，往我枕边放两颗糖或几颗花生，让它们代替她来安慰我，透出一分不能照看我的歉意。为此，我曾抗拒过，也恐惧过，甚至还把一家人的煤票、粮票剪成碎渣以示抗议，但都没什么用。母亲实在没有办法解决学龄前的我的安顿问题。于是，我从不能接受，到勉强接受，进而开始喜欢并享受这份黑暗与孤独。

到我十四五岁的时候，独处已不是一种迫于无奈的被动之举，而成了主动的选择。这个时候，父母已不再强迫我去干我不喜欢的事，而居委会也终于在我家 4 口人挤住 13 平方米小房十多年之后，为我家分配了一处 9 平方米的“飞地”，这间离家几十米远的小屋子，成了我的独立王国。我躲进蚊帐，独自享受宁静的爱好，终于有了硬件的支持。

坐进蚊帐中心的那团黑暗，就坐进了宇宙的中心。那时我没读过什么《逍遥游》、宇宙奥秘或内功心法之类的书，但我恍惚之间隐隐约约明白了两件事。

一是，我的宇宙中心就在我的屁股之下，就算有其他的宇宙中心，那也是别人的，与我并没有什么关系，更不能成为我的标准。

二是，呼吸是非常重要的事，在吸进和呼出的进行中，人才能活着。这看似简单得连奶娃儿都能干的事，却是人最重要的事。但似乎没有人在意它，更不会有人将它当成一件了不得且需要重视的事。

除此之外，在黑暗中，我还体会到想象的快乐，那种“想要什么就有什么”的感觉。我常常坐在黑暗中央，却宛如坐在山间草坪上或乡下的清泉旁，想有花就有花，想有鸟就有鸟，乌鸦往瓶子里衔石头，小蝌蚪在水里找妈妈……

这些其实都只是我从有限的童书和动画片里看到的图像，一闭上眼，它们便不停闪过我的面前，并且开始演绎属于我自己的情节。很长一段时间，我都喜欢自言自语，一人饰演几个角色，还好，没有被父母看见。

我的世界很干净，那里面只有我的孤独，一旦它成为自主的选择，那就是一种享受了。就像罚酒与自饮、坐牢与面壁修炼的区别。

随着年龄不断增长，我读的书和接触的人与事物越广，我独自在蚊帐里、将自己包裹起来的时间便越多。特别是当我发现这个世界上还有那么多我不想背的书、不想考的试、不想见的人和不敢面对的结果之后，我也越来越清楚，我在贫穷的家境和低微的生存位置的裹挟下，将面对的前行之路有多难。蚊帐从一个梦想世界，变成一个薄薄的壳，我钻进去，不是享受，而是躲避。特别是我经过一系列失败的考试，进入山区一个小厂里做一个每个月连自己的伙食钱都挣不够的工人，历经了几次无疾而终的恋情之后，蚊帐成为我最后的避难所，那片破损的梦想之地，满地遗落的是残破的记忆和莫须有的未来。

这个时候，我的小小蚊帐，像一个刚刚被暴风雨肆虐过的小花园，美好已经折损，遍地凄楚，而远方，九分绝望的黑暗天空，却仍有一分微亮的霞光——那是我从小到大养成的对未来未曾磨灭的期望。我心中隐隐觉得，明天总应该比今天好吧?

明天……会更好吗?

困在山区一隅那一方小小黑暗之中的我，无法回答这个问题。此时的我，最大的爱好，依旧是躲进蚊帐中，枕边放着《白话聊斋》和《世界五千年》，遥想着各种我永远想象不出的东西，开始把那些挥之不去的东西写成文字。从那时起，我不再自言自语，笔开始代替我，干这些疯癫的事。这个毛病，一直持续至今。

老板娘的女儿，这个在山里当了 10 多年留守儿童，直到初中才被带到省城来的女孩，我见过。我还受她妈妈的邀请，给她讲过几句关于写作的事。而在理发店老板娘给我理发的十几分钟时间里，我的脑子自作主张地回顾了自己与蚊帐以及黑暗的那些往事。

有时，成长本身总有一些说不清道不明的东西。曾听过这样一句话：“人最大的归隐，不是去深山躲起来，而是隐入自己的内心。”我觉得自己就是如此，既然无法隐于内心，那就隐于蚊帐算了。至于老板娘的女儿属于哪一种情况，就不好说了，毕竟，一代一代的人，各自有各自的青春吧。

念 念 不 相 忘

即使偏离爱情，你也并非孤单一人

他想和她一起，长长久久。
他不相信世上有长长久久这种事，
但如果有，他想和她分享。

——海明威

爱你的人，会提醒你爱自己

渐渐我才明白，真正爱你的人，不会忍心看着你发胖，不会纵容你的食欲和懒惰，他会督促你减肥，提醒你爱自己。

✿ 榛生

1

外面的天空是蟹壳青，但对我来说，它可以是浅紫色或者淡蓝色。我已经整整四天没吃饭了，再多一天，我可能就要和这个世界永别了。

弥留之际，我有了一个惊人的发现：原来人饿到了极点会色盲。此时对面医生的脸是银色的，他的眼镜是黄色的，非常像咸蛋超人。他痛心疾首地看着我。

没有人知道我的苦衷，真悲哀。我也不想和任何人解释。

在他们看来，我根本不必减肥，只有我自己知道我每天都在变胖，我必须以不吃的方式顶住涌过来的脂肪。

说到之前的我——一个没什么大志向的人，全部的业余爱好就是做做饭，就像日本女作家吉本芭娜娜说的一样，“只要有厨房，只要有做饭的地方，我就不会感到难过”。

我没吹牛，不信你可以随便看一下我家晚饭的菜谱：蟹粉狮子头、水煮鱼片、什锦卤豆腐，还有照着《随园食单》做的雪夜桃花带把肘子。随随便便，我就能做出那种高热量、高蛋白的超级美味的菜肴。

从前，我男友匡成锐是个瘦猴，是我把他一点点养胖的。没升职之前他每天下班回来稀里哗啦扒饭，是对我手艺的肯定。但是升职后的匡成锐回到家，端坐在晚餐桌前食不下咽。“想想那些可怜的小模特，再看看自己每天吃这么多，真是有罪啊！”匡成锐感叹，他是一家模特公司的经理人。

他忧国忧民起来：“我们公司那些模特，每天只吃一小点儿水果，我怀疑她们长到二十多岁从没喝过加糖的咖啡。肘子，连想都不要想。”

他说得我心虚起来，跟他在一起的每一天，我好像都在不停地变胖……再看着桌上那盘无耻的肘子，觉得它像个赃物。但是菜不能白做，我打气说：“别说啦，开吃吧！”

匡成锐还是不吃：“我往模特身边一站，都觉得要减肥了。”

我本来夹给他的菜只好转而放在自己碗里，我气愤地说：“你减！”

后来有一天，我陪匡成锐去参加他们公司的嘉年华。这次我真是被打击了。那些漂亮的模特儿，如果在电视上看她们叫作“瘦”的话，那现实中的她们就是皮包骨。可是皮包骨却又那么美丽、那么风情万种，跟她们比，我就是一头大象，朴实的大象，贪吃的大象。

小模特说：“姐姐，你这个年纪胖一点很好。”

她是在安慰我还是讽刺我？

匡成锐说：“不不不，她还是应该瘦一点才好，瘦一点更健康。”这个晚上，我的男友在和模特们谈论我的身体；这个晚上，他喝醉了，而我尴尬地笑着，越笑越绝望。我终于端起一个超大号盘子，走到食物台边，疯狂地装满一盘子，然后大嚼起来，一边嚼一边哭。我决定了，我不要减肥。

如果一个人不爱你，你瘦成纸片他也不会爱你。

我又开始喝酒，把自己喝得东倒西歪，在那场宴会上我丢尽了匡成锐的脸。

他的脸，从红色变成蓝色，哦，不，从黄色变成紫色——饿晕了会色盲，吃太饱同样会色盲。

人果然是世界上最残忍的动物。你看自然界里生长的马啊，牛啊，老虎啊，它们弱肉强食也好，野蛮蒙昧也好，它们可从不亏待自己，饿了就吃，不饿也吃，它们从来没说为了身材而饿自己。

只有人类，会用减肥折磨自己。有一个从160斤瘦到80斤的女孩说：“很饿很想吃时，就嚼一根橡皮筋。”

我闭上眼，就看到模特们像仙鹤一般围在匡成锐身边，说说笑笑、打情骂俏，曼妙纤瘦的小腰不盈一握，一不小心就扭出个绯闻。我头皮发紧，我我我，我不能胖！

我要开始减肥！我每天的运动量确实太少了，因为我有运动眩晕症，只要一运动，就要晕倒，所以我只能靠静态的手段减肥。总之，不能坐以待毙。

有人介绍了一家减脂中心。

乖乖地填表、办卡、交钱……可正儿八经到了我的减肥医生那里，我却遭了白眼。医生说："你不胖，不用减肥。"这位医生叫许子东，不论怎样，他算是一个有职业道德的医生。

每晚六点，城市里的大胖子们纷纷从四面八方溜进这幢白色小楼，齐刷刷露出肚皮，躺在仪器上接受按摩，他们对我这个假胖子充满鄙夷。

按摩仪丝毫没起作用，一周后，面对体重秤上毫无变化的数字，许子东哑口无言，于是给了我瘦身食谱，要我照着吃。我没那个耐心，对他愤怒地投诉："我来你这里一周了，一点也没瘦！你说怎么办！"

他看着我，抛下一句"你真能给我捣乱啊"，就哭笑不得地扭过头去。我摔门而去，不知不觉来到了超市。我不该来这里，奶酪、糖果、蛋糕、炸鸡腿……它们刺激着饥饿的我，使我心慌意乱。

我的心变得肥胖，它里头的空间越来越小。

我像一头寻血猎犬一样喜欢追踪匡成锐的西装，寻找可疑的香水味，我又像间谍一样查他的手机。与此同时，升职后的匡成锐开始加班。以前我从不怀疑他加班，可现在，只要他晚归，我就会任恶意的想象四方驰骋。

我如临大敌，如陷深渊，在这样的忧虑中，我减肥没有丝毫成果，反而胖了 3 斤。

我对我的减肥医生许子东表示不满，我直接说出了我的不满，他全听着，最后他说："女人每七年都会多出 5 斤的脂肪，这些脂肪对女人没坏处，更何况——"

这时我的电话响了，匡成锐说："今晚有一个酒会，你能来接我吗？快点动身吧。"

我是代驾，爱的代驾。

我往门口走，临出门时才想起医生还没把话说完，我问："更何况什么？"

"更何况你很漂亮。祝你快乐。"

真心的夸奖也好，假意的安慰也罢，这句好话让我不再恨他了。

但是那晚我非常不开心，因为只要一见到那些瘦骨伶仃的模特，我的自卑感就油然而生。本来我是来接匡成锐的，最后变成他醉醺醺地呼叫代驾。这次是真正的代驾。

因为我自己走了，走到很远的路上，随便拨通手机上一个电话号码。

"喂，请问你是谁？你是我的朋友吗？是的话，请你过来接我一下吧！"

很简单的道理，谁不懂？谁是傻子？一个男人如果逼着一个女人减肥，说明他并不爱她。他要是爱她，就应该让她快乐。

我放弃了减肥计划，但这使我以更快的速度成了一个胖子。我的体重很快增加了 20 斤，唉，我确实是那种非常容易发胖的体质。

我发现，我的漂亮衣服都穿不进去了，我开始喜欢有收敛效果的黑色衣服了；夏天，我不好意思露出发胖的手臂而只能穿长袖；工作久了，我会有点喘；我有了轻微的高血压；走在路上，没有人称呼我小姐姐，全管我叫大姐，还有一个小朋友叫我奶奶……

原来胖，是这么难堪的事情。

我越来越胖，匡成锐很沉默，什么也不再跟我说。他留给我的是一张痛心疾首的脸，一个恨铁不成钢的背影。他忍着我占据床的四分之三面积。

偶然的一天，我遇到减肥中心的几个女人。闲聊着，她们说："你走了医生很消沉呢，医生好像很喜欢你哦。"

我知道医生喜欢我，但现在他一定不喜欢我。

我看看自己，也觉得悲从中来。我没有再见到许子东。

喝醉那晚我打通的是许子东的电话。我在他的车里看到一个相框，相框里是一对恋人，他们都很胖。

那当中的男子就是许子东。

他说："我以前的女朋友很胖，很可爱，我很爱她。"

"后来怎么分手了呢？"

"因为她爱上了别人，她减肥了。她瘦了以后就走了。我呢？失恋后也自然地就瘦了，可是我不想瘦，我喜欢胖。"

他眼睛温柔地看着我，我就像自鸣钟一样当当当朗笑三声，说："噢，大概女人胖起来都长得差不多，别看错了，我，只是我。"

他静了静，没回答我，但他的脸忽然红了。

我真的越来越胖了，我喘着粗气上楼时，匡成锐会在身后推我。

我多吃了一碗饭，匡成锐会告诉我今晚要多做 20 个仰卧起坐。

我做仰卧起坐累得肚子酸疼时，匡成锐给我揉揉。

我吃醋掉眼泪，匡成锐居然主动写了个亲笔保证书："本人匡成锐发誓只爱自己的老婆，如果没有做到，我的房子车子全都给我老婆。"

其实他不是我想的那种坏男人，那天我在酒会上临阵脱逃，他找我找了一整夜，却没想到我就在自己家里。

渐渐我才明白，真正爱你的人，不会忍心看着你发胖，不会纵容你的食欲和懒惰，他会督促你减肥，提醒你爱自己。减肥总是有点痛苦的，痛苦时你对他抱怨，他会忍，你发现自己变得美丽时，你很开心，他也会很开心。

饿了四天、差点把我饿死那次后，我突然清醒了。我觉得为了爱自己的人，不能这么野蛮减肥，要科学、理智地减肥。

我健康饮食，合理运动，慢慢地瘦了。

我渐渐找回了自己的锁骨，收回了细瘦的手臂和脚踝，抢回了一双标致的小腿，夺回了自己的腰。

我又回到我原来 100 斤的体重。

有人问我身材为什么这么好，我答不出来，因为过程太艰辛了。

她们想上半天，最后一拍脑袋自己找到了答案："明白了！你以前是他们公司的模特儿！怪不得这么漂亮！"

月亮再美，可它不属于自己，好在群星闪烁，总能有一颗写着自己的名字。

为了那些过去的不美好，干杯

✲林以昼

下一秒，胜利女神就被撂翻在地

杨欣有驾车恐惧症，可她还是报名交了学费，以一周两次的频率，义无反顾地去驾校挨教练骂。

自信被摁在地上摩擦无数回后，她总算熬过科目二，却在科目三上折戟三次。“加油，杨欣，你可以的。”她暗暗为自己打气，只要这次考过，再完成擅长的科目四，这场“酷刑”就将完美结束。

如果林纳看到，应该会赞许地朝她点头。从美国访学一年半回来后，林纳整个人越来越西化，约会餐厅也从火锅店换成西餐厅。按他的话来说，这是提前养成习惯，毕竟在他的人生规划中，三十五岁之前必须移民加拿大。

“加拿大的华人难道不吃小炒肉吗？那他们的人生真是无聊啊。”杨欣想。

但眼下更惨的是自己。这是杨欣预约的第四次科目三考试，还好，车子启动，直线行驶，变更车道……一切都很顺利，没有忘系安全带，灯光模拟未出错，只需靠边停车正常发挥，便能顺利通过。

她甚至看到胜利女神在朝自己招手，可下一秒，女神就被撞翻在地。

那是一辆颜色骚包的越野摩托，带着夸张的引擎声，一路横冲直撞跑到杨欣车子前面，抢占了她预想的停车位。

杨欣一紧张，慌乱的老毛病就发作，原本要刹车减速，却不小心踩了油门。幸亏安全员眼疾手快，及时出脚，可依然让后座待考的人一阵惊呼。“考试不合格，请考生……”在机械的语音播报中，本次考试宣布结束，她直接愣了。

“愣什么，还不下车准备补考。”安全员不耐烦地冲杨欣喊。

一股火气在杨欣心里酝酿发酵，她感觉自己成了一只不断膨胀的河豚。在考官和其他学员的惊诧下，杨欣趁摩托车主照镜子耍帅的间隙，一把抡起对方的头盔，砸到地上。

哐当一声，头盔四分五裂，车主呆了。

他像她的月亮，照亮她晦暗的夜空

摩托车主叫她赔偿头盔，五百块，他说："虽然质量不怎么样，但确实花了一千多块钱买来的，算上折旧，要你五百不过分吧。"

杨欣讨价还价，压到了三百，加了微信，把钱转给了他。对方还在啰唆："哎呀，你这种马路杀手，还是别学开车了，就当为社会安全出一份力气。"

真是看不出，这人脸蛋有几分好看，却是个碎嘴。杨欣懒得辩驳，丢了一句"我本来也不开"，转身便去准备补考。

考试通过后，她换身衣服去找林纳，顺便给他带一杯师大正门对面咖啡店的美式咖啡。林纳最爱喝那家的咖啡，说口感清爽。杨欣尝不出区别，所有美式在她嘴里都没区别，苦得要死。可她习惯扮演一位贴心听话的女友，就连驾校报名，也是林纳的想法。

林纳喜欢鼓励杨欣学习各种事，冲浪、瑜伽、英语、艺术鉴赏，当然也包括开车。他说："以后我们出国了，不会开车你连接送孩子和买菜都会麻烦。"这句"接送孩子"戳到了杨欣，她决定背水一战。

两人是高中同学，一路从高二谈到大学，直至毕业工作。旁人眼中的杨欣，漂亮、自信、有才华，可她总觉得自己不够优秀，要很努力才可以追到林纳。林纳是她的月亮，高大、帅气、聪明，照亮她学生生涯晦暗的夜空。可惜高考时，杨欣没发挥好，只考到石家庄一所二本院校，林纳却水平稳定，毫无意外地去了北京的名牌大学。四年时间，她奔波于两座城市，车票攒下一百来张，被她排列成一颗心，用相框裱了起来，挂在客厅显眼位置。

她有着自己的小心机，想以此来提醒林纳，自己为他付出过多少。

林纳像一块璞玉，在大城市磨砺数年，愈发闪耀迷人，前途更是光明，一路硕博连读，还去过美国访学。这让杨欣有种无形的危机感，她得牢牢抓住他。因此，林纳博士毕业来到上海的高校做老师时，她也放弃原本北京的工作跟过来了。

每次看到林纳，杨欣都有种隐秘的愉悦，就像早早买定一只好股票，看着它一路高涨，最终全线飘红。至于那些爱情的酸涩，不要紧，在她心底反复发酵后，总能咀嚼出微弱的甘甜来。

杨欣甚至很想拉着林纳，跑到当初反对他们的爸妈面前，去趾高气扬晒一回恩爱。可她知道，林纳不会配合自己，甚至会鄙夷这种小家子行为。

不过此时，林纳是笑着的，听说杨欣过了科目三，他说忙完晚上带她去吃大餐。

像在与命运厮杀一般

杨欣不爱吃西餐。

她厌恶那些条条框框，什么左叉右刀，刀尖向上，刀口向内，吃鱼时要配白葡萄酒……

但她很喜欢林纳，和萤火虫热衷追逐黑夜一样，夜送来一阵风，都能让萤火虫欢欣鼓舞许久。

此时，林纳就在表扬杨欣，说她厉害，又克服了一个困难。"人生就是一个接一个的困难，得勇敢面对，战胜它，打败它，才能迎来新的开始。"他的口吻像是在讲台上讲课，而杨欣是他的学生。杨欣微笑听着，渐渐觉得有些寡味。

结果一分神，杨欣手上的刀便滑了一下，碰到盘子底，发出刺耳的声音。林纳微微歪头，笑了笑，并没说什么，可杨欣还是从他眼中看到转瞬即逝的嫌弃。

没过多久，林纳电话响了，接起讲了两句后，就对杨欣说："抱歉，系里临时有事情，我得回去处理。单我埋好了，你慢慢吃。"说完，他轻拍她的手，转身离去。

杨欣笑着说好，默默吃刚切好的牛排，没多久，她伸手问服务员要了双筷子。果然舒适很多，她夹着号称阿根廷运来的西冷牛排，狠命咬着，像在与命运厮杀一般，黑胡椒汁沾了满脸。

有人靠过来，递给她纸巾，她接过擦干净脸，正准备说谢谢，发现竟是那个骑摩托的男人。没等她说话，对方就挑了挑眉："你的假睫毛掉到鼻子上了。"

神经病啊这人！

没多久，微信显示"陆博"发来新消息。毫无印象的名字，内容也只有一首诗："我必须是你近旁的一株木棉，作为树的形象和你站在一起。根，紧握在地下；叶，相触在云里。每一阵风过，我们都互相致意。"杨欣知道，这是诗人舒婷的《致橡树》。

她想到对方是谁了，是那个骑摩托的——上次赔钱后一直忘记删他微信。

这家伙肯定看出点什么了。杨欣起身，走到陆博面前，扫了一眼他身上的制服："你这么厉害，怎么还在做服务生？"

"职业不分贵贱，"他撇嘴，嬉皮笑脸，"就像爱情不应分高低。你呀，别急着嘲讽我，反正你心里清楚，我说的是事实。"

杨欣确实清楚。

她知道，焦虑、怯懦、犹疑、冲动，本身就是爱情的一部分，可现在，她也逐渐意识到，那不应该是爱情的全部，爱情还应该有更多美好的部分，是温暖，是慰藉，是安定，是想到对方时心底战栗的快乐。更重要的是，爱情的内核是尊严和自爱啊。

杨欣站在西餐厅，忍不住想，这些东西是从什么时候开始被自己以爱情的名义舍弃了呢？

分手没有疼痛，只有如释重负

又过了些天，林纳下班带回一幅画，说是美术学院一位同事送的，国内有名的青年画家。他在家里找了半天，没找到合适的地方挂，最终瞄向那幅车票做成的爱心画。

"这个你收起来吧。"他将爱心画的画框递给杨欣。

杨欣不动，林纳察觉到她不开心，依旧将画框递给她。

没等杨欣说什么，他便扭头，用纸巾擦拭新画框，嘴里念念有词："这些画升值很快的，过些年说不定能值一套房，这就是艺术品的价值啊。"是吧，画会升值，感情只会贬值，再奋然奔赴，终会一文不值。

杨欣看了一眼那些车票，石家庄至北京，北京至石家庄，每张票几乎都写了自己的名字，唯独只有一张是林纳的名字。

她扯了扯嘴角，再次抬头，发现他正调整那幅画的摆位。画很中规中矩，主体是一片湖畔生长的水杉，天上仓皇飞过三五只鸟，倒影落于水面。杨欣想起那句诗："我必须是你近旁的一株木棉，作为树的形象和你站在一起。"

这一刻，她突然做了个决定。"我不打算再考驾照了，还有，我们分手吧。"杨欣说。

"什么？"林纳回头，以为自己听错了，

“分手？是因为考驾照的事吗？这只是小事情，你实在不愿意就算了，我只是觉得驾照还挺有用的。”他难得解释一回。

可杨欣说：“不是，只是单纯累了。”她不想提醒他，自己怕开车，是因为之前的车祸。

有一年国庆，她去北京看他，买不到回石家庄的车票，后来选择坐了跨市顺风车。司机疲劳驾驶，撞到栏杆……还好她只是轻微脑震荡，住了一周院，没留下后遗症。那次是林纳唯一一次去杨欣学校看她，宿舍姐妹看到他时流露出的艳羡，让她开心了半学期。

看着她平静的面孔，他这次没多说话，只是收起笑，回了声“好吧”。

说不定他早就想分手了，杨欣自嘲地想。

林纳很快搬走，拎着行李回了学校宿舍。杨欣在空荡荡的家中搞卫生，看到那一堆车票，她想全部剪碎，可拿来剪刀后，又觉意兴阑珊。最终，她拎着那些车票，扔到了楼下垃圾桶，又在附近大学转了转，结果在研究生楼门口，看到那个西餐厅服务生。

陆博远远招手，向杨欣跑来，俨然是熟悉的朋友。

原来，他被单位送来读脱岗博士生，做兼职是他消磨时间的方式。杨欣懊恼，她早该想到，三番两次在大学城一带遇到他，对方显然不是老师就是学生。她看着陆博，想到他发来的诗，突然想请他吃顿饭，为了什么，她暂时还没想到。

干杯，为了那些过去的不美好

为了自己的放弃，为了自己那颗不到黄河就死了的心，为了不用再胆战心惊考驾照……杨欣躺在床上，竟想到很多由头。

她说到做到，放弃了考科目四。

害怕开车，那就不要去开，没必要死磕着一件事不放。念书时，老师常告诉大家，不会做的题目就放到一边，先把会做的做完，毕竟考试时间有限，如果死磕一道题，只会影响整场考试的发挥。

杨欣记住了，却在看到高考试卷时陷入执念，总觉得再多算一步，就能得出正解。很不幸，她最终没能解出那道题，也未能考去北京。

如今，她依旧没能走出那张考卷。但她已经二十八岁，她对自己说，不会做的题就跳过去吧，先做下一道。人生短短数十载，她不愿意继续耗下去了。

这是她宝贵的十年青春，现在贸然放弃，无异于在否定那些年的自己，更可怕的是，过年时亲戚们谈起，她会很难堪，爸妈势必会马后炮地说：“我早就说过你俩不合适。”可现在她不想管那些。

得知杨欣放弃考驾照要请他吃饭，陆博反而说这顿他先请：“毕竟你这是一项挽救无数人生命的壮举啊，何况，你还有三百块在我这里呢，应该大吃一顿，早点花掉。”

他们约在湖边的烧烤摊子，这里，人说话声音很吵，烟雾飘得四处都是，可这里，有种恣意张扬的生气，可以让杨欣将心完全打开，跟着夜鸟飞上天际。

月亮再美，可它不属于自己，好在群星闪烁，总能有一颗写着自己的名字。

“来，喝，为了那些过去的不美好！”杨欣伸出手，端起一杯啤酒，试图像别人那样爽朗地邀酒。陆博看她笨拙的样子，却没有笑，而是用力点了一下头：“好，干了。”

他们举杯相庆，那杯中，晃荡着漫天星辉。

喜欢 就像夜空中不朽的北斗星

它或许不再如涨潮般澎湃激情，却若红日般朝来夕往永生永存。

✽王宇昆

1

十五六岁的时候，对“喜欢”这个概念有着单薄的认知。

那时候，我上高中，暗恋一个女孩子，她坐在我旁边的旁边，留着利落的短发，睫毛很长。

无法准确地定义是在什么时候对她产生了这种奇妙的感觉，只是在人群中见到她的时候，在不经意与她目光碰触到一起的时候，会害羞地隐藏起自己，或者错开角度。

喜欢上一个人，与她有关的每一秒都变得郑重其事。

我变得细心了，仔细算好跑操结束后队伍疏散的时间，然后争取制造出巧合，同她一起回到教室。

我变得暖心了。她说她饿了，我就在下课的时候用百米冲刺的速度跑去食堂给她买点充饥的小零食。

我变得逞强了。放学回家天太冷了，没关系，我把校服给她做外套；下雨天她忘记带伞，没关系，用我的，我可以顶着书包一路飞奔回家。

当有一个人在我的脑袋里，在我的生活里，出现得越来越久时，当因为她的存在自己也逐渐发生越来越多的变化时，身体里的另一个我似乎偷偷在说：你喜欢上一个人了。

就在我创造了无数次不经意的偶遇、幻想过无数次我们走在一起的画面后，我开始想，我们真的有可能吗？

倘若没有这些刻意的偶遇，她会注意到我吗？

于是，一种焦虑在心里缠绕，自我怀疑的情绪也在心里缓慢蔓延着。许多次在洗漱的时候，看着镜子里面的那个自己，肥硕敦实的身躯，并不出色的五官，心里面的光一点点暗了下去。

相比梦境中那个可以聚拢阳光的她，我像个黑洞。

“我配不上你，你肯定不会喜欢像我这么胖这么丑的男生。”在镜子前喃喃自语的同时，我叹了口气。冲去泡沫的牙刷孤零零地立在漱口杯里，孤独得和那时的我别无二致。

当我开始不断地自我拉扯，冲动的内心被自卑的心理不断瓦解时，我发现我们之间如同有一道鸿沟。虽彼此未曾提起过，但我明白仅仅靠着内心的冲动，自己很难跨到彼岸。

身体里的一个小人，劝慰着我要勇敢，另一个小人则告诫我要趁早放弃。这时候，我终于拨开迷雾，原来，我真正地喜欢上了一个人。

再后来，她身边那个比我勇敢的人率先告白，而我仍旧蜷缩在角落，看着两颗心热络，一颗心失落。

她不再跟我喊饿，因为那个他会准时在课间出现，手里拿着零食。

她不再跟我偶遇，因为她曾经一个人回去的路，有了人陪。

我也不再期待雨天的到来，因为我的伞再也保护不了她。

曾经喜欢的冲动逐渐像飓风过后的岛屿，泥土流失，雨水随着地势流入大海。我开始妥协，试图强行把对方从自己的脑海中抽离。

可是没用，我还是不经意会留意到她和他，还是会在我最不想遇见她的时候，遇见她和他。

偶然得来她的问候，像烫手的山芋，意欲抓紧却又想丢弃，痛骂自己不争气。我还是视她为珍宝，无法光明磊落地忘记。

当冲动化为浓雨后的初霁，我开始学着去放弃，转为成全祝福，嘴硬说着“只要她过得幸福，我就知足了”，心里却怅然若失。

心里的小人开始嘲笑自己是个没用的家伙，我比谁都清楚——

喜欢上一个人容易提起，喜欢过一个人最难忘记。

这个年纪的“喜欢”，拥有最单纯的定义，它是午夜转瞬即逝的昙花，是杰古沙龙冰河湖上空的流星，是江户川乍见之欢的烟火，还是回忆里无法重来一遍的自己。

二十几岁的时候，似乎更懂了一些“喜

欢”这件事的苦衷与不容易。

二十一岁，爷爷在睡梦中与世长辞，记得在他最后半梦半醒的时刻，他开始呓语，呼唤着奶奶的名字，眼角的泪水填满皱纹，在干涸的皮肤上留下一道浅浅的痕迹。

奶奶去世后，爷爷的身体每况愈下，神志不清的时候会大小便失禁，嘴巴里最常念叨的是奶奶的小名，念着念着就开始啜泣。

奶奶自小不识字，嫁给爷爷后才过上好日子。爷爷生性暴躁，大男子主义。旧年岁里，男尊女卑，女子不能上桌吃饭，奶奶受了不少委屈。

伺候了爷爷一辈子，几十年吵吵闹闹，无数次吆喝着要离婚，可还是这样走过来了。不料，奶奶年轻时做农活落下了病根，颐养天年之时离开了人世。

恼人的邻里说了句，怕是这老伴也活不久了。一语成谶，奶奶去世不到一年，爷爷也驾鹤西去，跟奶奶葬在了一起。

头七的那天，一家人哭天抢地，烧成灰的纸冒出些火星子，转眼间在空气中消失。

我的脑海里一直回放的是，奶奶还活着时向我诉苦，说爷爷怎么欺负她、让她受气的情景。

那时候，我寄养在奶奶家，奶奶总是抱怨爷爷酗酒，喝醉了还乱骂人。为此，我还做了好多回和事佬，分头安慰两位老人。

埋怨、生气、和解，成了生活日常，也是老两口相互搀扶着走下去的动力。

“喜欢”这件事在这把年纪，突然拥有了新的定义，不再是沸腾的多巴胺，变成每月按时交给老太婆的退休金，变成灶台间老头最爱吃的那份韭菜炒蛋，变成争吵过后彼此温柔下来的视线。

对于爷爷而言，生命走到尽头的一年里，他无数次忏悔自己没有好好待奶奶，未能真正让她过上好日子。

他常常一个人坐在阳台，微开着窗子，凝视着奶奶生前种下的小辣椒，一语不发，一坐就是一整天。

他也常向我提起有关他们的回忆，是怎么认识的，提亲的时候是什么情形，奶奶生下老三时家里发生了什么。

每每此时，我能看见爷爷的眼眶湿润，下巴微颤。他言语间充满悔意，却无法追回离开的奶奶。

人老了，对“喜欢”的表达或许就会变成如此吧，不再轰轰烈烈，不再浓墨重彩，只余下满心的忏悔和内疚，消解在哀伤的叹息里，消解在浮起泡沫的酒里。

真正喜欢上一个人，这个议题永无答案，没有走到最后的人无法笃定地在人生落款处签字盖章，但它却埋下了相守的信念跟诺言，发誓要陪着她一起皱纹满面，沧桑满身，仍要一起看日出日落。

爷爷紧随着奶奶而去，这般“喜欢”到头的结局，或许也是上天的眷顾，怕奶奶一人太孤单，怕爷爷一人太难过。

如今，阳台的辣椒被我移到了自家，被悉心照料，年年长出新的果实来。

就正如这由青至红的果实，“喜欢”也因为年纪的增长而生出些新的寓意。它或许不再如涨潮般澎湃激情，却若红日般朝来夕往永生永存。

它是北极夜空中不朽的北斗星，是永不枯竭的太平洋，是四季多雨的乞拉朋齐，也是回忆里永恒珍藏的自己。

爱是什么，不是很容易能说清楚的。但不爱是什么，似乎很容易想清楚。

等到春天，等到她长大

✽ 榛生

他喜欢她

春天的困，没有人能抵挡。

班布在图书馆睡觉，一汪口水悬悬欲滴，手边的书压在下巴下面，正是一个舒服的枕头。潘达也去了图书馆，如果他想要找班布的话，只要扫一眼整个图书馆里谁在趴着睡觉。

他走到班布身边，坐下来，打开笔记本电脑。他还拿一张纸巾垫在班布的书上，口水终于流下来了。

这么好的天气，不睡觉真是有愧于良心。潘达也打了个哈欠。

黄昏时分，图书馆里的人散了，班布醒了，看到守在身边的潘达，她说："走，吃饭去。"他们一起去了食堂，打好了饭，对坐着吃。班布睡眼惺忪，也不想和潘达讲话，只是默默地吃，默默地喝汤。

班布比同班同学年纪小。

她上学早，小时候还跳级，大家都当她是一个小朋友，一个很能睡觉的小朋友。

潘达是班布的同学，还是班长。

学校规定每天早上六点晨练，绕着操场跑十圈。潘达组织集合，但是班布十有八九都不会按时出现，她的理由是，我"大姨妈"来了。

连续一个月她都没有晨练，她的"大姨妈"太厉害了。

系里对政法系三班颇有微词，潘达去找班布。

"你明天一定要出来晨跑，知道吗？"他像一个长辈似的说："不然咱们班就要挨罚了。"

班布按时出操了，她没有洗脸，没有刷牙，没有梳头，甚至衣服都没有穿好。她披着一条大毛毯，好像要随时缩回自己的梦乡里去。大家都好恨她，有女生一把扯掉班布的毛毯："别装疯卖傻了班布，你能不能清醒点！"

潘达立刻跑过来护住班布："别说她了，大家跑起来，跑起来！"

班布也在队伍里跑，迷迷糊糊，也跑得满头大汗。跑完了找个石礅子坐下，她又要睡着。

"你这样会着凉的，"潘达说，"回寝室睡吧，把早饭拿着，醒了吃。"潘达递给班布一个毛毛虫面包和一盒牛奶。

潘达对班布真好，他喜欢她。

在他心里，班布就是一只小动物，就是一只熊猫，不，比小动物和熊猫还可爱。

他对她的好已经超越了一个男生对一个女生的爱慕，更像是一个亲人、一个长辈对孩子的那种好。

因为班布实在很可爱呀，你看她上课听着听着，就在书上画起画来了。她画画超好，她能画一个人的正面、侧面、低头、后背，她画的民法学老师惟妙惟肖。她还会背诵很多很多首古诗词，她从小就背，整本整本的都会。她还会弹钢琴，别人哼一首歌，她马上就能唱出谱子。她还特别聪明，她不怎么听课，但是考试从不挂科，入校时总分是系里第一名。

在别人眼里，这些特长也没什么了不起。但在潘达眼里，这一切都太美好了，他真的像长辈欣赏自家小孩一样那么珍视、赞美着班布。

从吵架开始

此时，班布又蔫了。只见她的头一点一点，终于埋进了自己的《民法学》厚书里，她扭扭身体，寻找到了一个舒服的姿势，睡了。

潘达就坐在她身后，他叹了口气。下课的时候把自己的外套披在班布身上，她好像一只乌龟缩回了温暖的壳里。

潘达不在乎大家的看法，他已经习惯了对班布好，他还要对她更好。大家也习惯了潘达对班布好，也不会笑他，只是觉得他有点可怜，因为班布好像什么都不懂，她不懂呀。

五月的一天，是潘达的生日，朋友们一起庆祝。

他们在校外一间餐厅吃饭，潘达还给班布点了她爱吃的松鼠鱼。

但是班布没有来。潘达给班布打电话："喂，快来呀班布，别再睡了。"

班布说："我没有睡。"

"那你怎么还不来？"

"我有事。"啪，电话挂掉了。

班布在和一个男生约会。想不到吧，一个整天睡觉的女生居然也能交往到一见钟情的男朋友。那个男生不是本校的同学，只是一个常常来学校打篮球的青年。

潘达知道后，又震惊又伤心，他真想把班布抢回来。但是班布不回来，她还对潘达说："以后不要对我那么好，我承受不了。"

她忽然之间长大了，懂事了，还会说"我承受不了"了。

班布学会了化妆，学会了穿高跟鞋，她还把头发烫了，还有了一只名牌包包。不过，这只包包不是那个青年送的，是班布自己买的。

潘达感觉到了一丝不妙——是什么让一个女孩要买一只昂贵的名牌包去约会？

班布不再睡了。她每天都挺精神的，

看上去美滋滋的。爱情的力量真伟大啊，连睡神都醒了。

一到黄昏，她就去篮球场。化着妆，背着她的香奈儿，在看台最前一排坐着，看她男朋友打球。打完球，两人去约会。

她很开心，开心得都瘦了。

潘达不知道，班布不仅白天不再犯困，她甚至夜里也不睡了。

因为那个青年是个夜猫子。他可以整夜和她聊微信，反正他不上学也不上班，白天他可以尽情地睡。他睡到下午，起来就去打篮球，再拉着班布去散心。晚上意犹未尽，在手机上跟班布倾诉、闲扯。

班布瘦了，那种瘦，用潘达的话说就是：看着就很累很累，脸色也不怎么好，嗯，累瘦。

朋友们说，潘达语文没学好，那个词应该叫憔悴。

谈恋爱不是一件开心的事吗？为什么会憔悴呢？班布自己也不明白。起初，她只是迷迷糊糊路过篮球场，一个飞出来的球正砸中她的头，球场上一个长得很帅的青年对她喊：“喂，把球扔回来！”

连“对不起”都没说，连称呼都没有。

她把球扔回去，连“谢谢”都没有。

班布很生气，就算是一个小迷糊，也不能受此侮辱呀。她跑过去把球拿走了——因为她没扔好，篮球并没有扔进球场。

她拿着球，一边走一边拍，走了很远。

有人拦住她，笑着说：“还给我。”

“连礼貌用语都不会用的家伙！”

“的家伙？你说谁呢？”

“我说你呢！”

“嘿，你挺有意思。”

以上是班布和青年初识时的对话，先是从吵架开始。

爱情匠人

也许对于那个青年来讲，班布是他认识的众多女孩中带刺的一个，故而他对她有了一点点兴趣。他用什么方法追到了班布，我们不得而知，但是他是一个熟手，一个很好的爱情匠人。

他曾夸耀过，天底下没有他追求不上的女孩，只有他看不上的女孩。

他开着跑车，花着父母的钱，但是他吃饭却和班布 AA 制。他还对班布说：“你居然连一个像样的包都没有，等有机会我送你一个。”

他只是这么说说而已，但是班布的自尊心被刺激了，她自己去买了一个包。她不太喜欢那个包，换成以前，她也许会觉得这个菱格包很像一只枕头，可以枕着睡觉。但是现在，她却已经开始失眠了，因为她知道她的男朋友除了她，还有别的女朋友。

后来，班布和青年分手了。

她又开始在上课时犯困，在下课时犯困，在图书馆犯困，在食堂犯困。虽然春天已经过去了，夏天已经到来了。

爱睡觉的人一年四季都会很困。

潘达坐在班布身后，他在想今天怎样去和班布表白。如果不表白，班布又去谈了新的恋爱，那怎么办？

下课了，老师走了，同学也都走了，班布还在睡。又上课了，另一班的同学冲进阶梯教室，大家像水稻一样栽满教室，潘达和班布的前后左右也栽满了，新的课开始了。

潘达等着班布。等啊等，等到天荒地老，等到海枯石烂，等到她长大。

她醒了。

“潘达，我做了一个梦。”班布说。

“你梦见什么？”潘达笑笑问。

“我梦见我和你居然成了夫妻！你说可不可怕！”班布对这个梦感觉到伤心，潘达对这个梦更伤心。

潘达问：“我有什么不好？”

“我也不知道，我不喜欢你，潘达，我不是不懂，我真的不喜欢你，也不想伤害你。”班布哭了，潘达也哭了，在那个陌生班级的全体同学和老师面前，在教室里，两人哭成一对泪人。

深爱的女孩

后来，他们都毕业了。后来，他们随着人生的波浪，去往不同的城市。

潘达在上海终于有了一套自己的房子，而班布在广州也有了一份薪水很高的工作。这已是十年后的事了。

潘达和班布已经失去联系很久了。

有一天，潘达和一个女子相亲，女子居然是他的大学同学。之前没认出来，是因为她在网上一直叫一个英文名，而且她医美了，看着不太像了。

这场相亲就变成了叙旧。

女同学还保持着和班布的联系，潘达用女同学的手机看了班布的朋友圈。班布割双眼皮了，班布去澳大利亚开会了，班布股票赚钱了……生日的鲜花，订婚的戒指，班布当妈妈了……一年一年看下来，那心无城府对全体可见的朋友圈，让潘达看得热泪盈眶——潘达觉得自己终于失去了他深爱的女孩。

潘达还看到2010年5月25日，班布发的朋友圈：“今天，是我生命里一个好朋友的生日，还记得从前欠你一次生日祝福，原谅当时不懂事的我吧。”配的图片是一只抱着竹子的熊猫。

潘达不敢加班布的微信，他也不想打扰班布。就这样吧，潘达想，你一切都好就好。

女同学坐在对面看他难过的样子，拍拍他，叫服务员端杯威士忌给他。

但是潘达不知道的是，在这十年的分别里，班布曾经有很多次、很多次失眠的夜里，会想起他，会想见到他。会想见到他时，自己对他说，也许是我错了，我们本应该在一起。

班布已经不再爱睡觉了，不是因为恋爱，而是她真的长大了，或者说，变老了。

但是她没有去找潘达。

班布也有班布的倔强。

“也许我已经是一个足够幸福的女子了，”班布想，“能够有一个那么爱我的男孩存在过。但如果我去找他，这种幸福就变质了。”

爱是什么，不是很容易能说清楚的。但不爱是什么，似乎很容易想清楚。

不爱就是，你对我再好，再好，再好，我也只是觉得感动，但感动不能换成爱。爱是受不得一点点勉强的东西。

后来班布遇见她的先生，她见到这人的第一眼，就觉得……好困啊，怎么能在这种时候困……但是她还是很困。她说：“我能回家吗？我很困。”

先生并没有生气，而是笑起来：“哈哈哈，好，睡醒了能再见面吗？”

“能，能，一定能。”

他等在她家楼下，直到她醒来。

他很像潘达。

但我知道，从今天起，一切都不一样了。

我的爱，潜伏很多年

✽红耳兔小姐姐

1

“当你失恋的时候，只是失去一个不爱你的人，而对方却失去了一个真正爱她的人，你说谁赚了，谁亏了？”

我在烧烤店的门口，对着徐胖子苦口婆心。

徐胖子萎靡不振地坐在我面前，桌子上已经放了四五个空的啤酒罐子。

今天是他失恋的日子。

下午刚收到分手的正式短信通知，晚上就约了我撸串。还是老地方，江边的美食一条街，徐胖子的失恋阵地。

我见徐胖子依旧没有重振的苗头，只好下了血本。

“你放心，我身边的好姑娘如过江之鲫，赶明儿我再帮你介绍一个，有我在，你绝不会成为光棍。”

徐胖子这才有了些许触动，举起空了一半的啤酒罐子，大着舌头说：“方静，来，我们干杯，友谊万岁，我徐胖子这辈子最不能辜负的只有老婆还有你。”

这话听着怎么这么别扭。

“对，对，你这辈子都不能辜负我。”

我随即把一根冒油的骨肉相连塞进嘴里，心脏那块地方，却莫名疼了两下。

“徐胖子，我们认识多长时间了？”

“快八年了吧。”

徐胖子感慨地抬起头，看了看我。

是啊，八年的光阴，足够谱写多少跌宕起伏的故事，可我在徐胖子面前，只有一个故事，六年同窗兼老友。

2

我刚认识徐胖子那会儿，他还不是徐胖子，是个体态正常、心态正常的徐同学。

大学四年，我们的交集不算多。偶尔上课时，位置坐到了一处，成为临时同桌；

偶尔课后讨论小组，被分到一起，成为临时战友；最亲密的一次，也不过是，大学毕业旅行那次，他帮我背了一路的背包。

问其原因，他只是抓抓头说，身边的女生都有了护花使者，就方静没人管，我不能在大学最后几天，让方静同学产生心理创伤啊。

本来还感动得一把鼻涕一把泪，现在呢，敲死他的心都有了。

毕业旅行结束后，我们四十个同学就各奔东西。

我以为和徐同学的故事也就此完结了，没想到一个月后，我们在同一家公司重逢，续写了番外篇。

那天，我路过人事部门口，听见HR打电话，说："徐劲松，请下周一过来正式入职。"

我当时脚步小小停顿了一下，但又觉得这个世界上重名的人太多，不会这么巧就是那个徐同学吧。

可是周一的早上，当我看见徐同学抱着一堆入职资料，笑意盈盈地走进来的时候，我都震惊了。

他也是。

下班后，他问我，哪里有比较合适的地方租房子。

我想到自己小区还是蛮适合刚毕业的年轻人合租，就介绍了过去。

于是几天后，徐同学又成了我的邻居，可以每天约着一起上下班。

因为有着四年同窗的情谊，加上同在异乡为异客的滤镜加持，我渐渐对徐同学有了些许好感。

可我不清楚徐同学的想法。

因为他宁愿窝在家里撸一整天猫，也不愿意跟我一起出去爬山或者逛街。

他总说，现在养精蓄锐，就是为了有朝一日女朋友光临，才有体力做这些劳心劳神的事情。

这话多直白啊，不就是明显地把我排除在女朋友的名单之外?

可我不甘心啊，觉得只要徐同学身边还没有潜在对象，我就还有希望。

后来，我决定先下手为强，主动告白。

于是我选了一个月黑风高的晚上，约徐同学去撸串，打算先来一番忆苦思甜，然后循循善诱，引导徐同学朝我这边靠岸。

可是那晚，老板刚端上一半的食物，我最喜欢的烤羊肉串还在炉上，就遇到城管突袭。

老板推着烤炉一路狂奔。我惦记着羊肉串，就丢下了徐同学，还有一大箩筐未出炉的表白话，追着老板后面，叫着："老板，我的羊肉串，你倒是先给我再跑啊。"

徐同学很不地道地拍了我狂奔的背影发了一个朋友圈。我成了大学群里的笑谈。

事后，我一直在深刻思考，徐同学和羊肉串到底哪一个更重要。不过现在看起来，口腹之欲还是胜过了高大上的精神追求。

那么我喜欢徐同学的心，怕是要打折几分了。

这么想着，我就退缩了几步，决定再缓缓。可是这么一缓，就过了三年，徐同学也晃成了徐胖子。

徐胖子在这三年，单恋过一个姑娘，正式交往过一个姑娘，但都没修成正果。第一个姑娘嫌弃他个子不够高，第二个姑娘嫌弃他体重超标。

徐胖子的体重，是从第一次失恋时开

始失控的，那次是他真正意义上第一次喜欢一个女孩子。

被第一个姑娘拒绝后，他伤心了好久，就经常约我出去胡吃海喝，或者宅家里靠撸猫来排解忧愁，体重肉眼可见地开始飙升。

而第二个姑娘，是他家里人介绍的，一开始还算顺利，可过不了多久，因为那姑娘找到了更好的对象，就匆忙找了一个借口，分道扬镳了。

而这个借口就是，体重超标。

徐胖子受刺激了，决定减肥。可是我在旁边煽风点火，夸赞他，他胖起来更平易近人、魅力非凡。

徐胖子笑得白牙璀璨，还真信了我这一派胡言，决定安心地当一个胖子。

我这时候才发现，他即使成了大家眼里憨态可掬的胖子，我依旧还是喜欢他，喜欢跟他讲话，喜欢跟他开玩笑，喜欢跟他在一起舒服自在的样子。

于是，我决心来第二轮表白。可徐胖子有天下班后，兴高采烈地跑来告诉我，他今天收到另一个姑娘的表白。

徐胖子还真是桃花体质，怎么除了我这个眼神不好的，还有其他姑娘看上了他？

看上徐胖子的是隔壁部门的一个新入职的小姑娘，因为徐胖子仗义地帮她纠正了几次工作的错误，于是就追着嚷着要做徐胖子的女朋友。

徐胖子一点都禁不住软磨硬泡，没多久就松口答应了。我酸溜溜地揶揄他，谈个恋爱这么没底线。

徐胖子也不介意，笑得双下巴抖了好几下："那姑娘说我工作的样子，帅过金城武。"

没多久，徐胖子就在这蜜里调油的恋爱里，渐渐投入了进去。

我在背后惆怅地想，如果那次我没有去追那该死的羊肉串，此刻跟徐胖子在一起的会不会就是我？

这几年我身边也不是没有追求者。徐胖子那个大傻瓜，下班后还动不动带上他家的猫跑来我家串门，煞有介事地帮我分析哪一个追求者更靠谱。

我没好气儿地让他立刻消失。

徐胖子一边笑嘻嘻，一边很听话地滚了，还哼着小曲儿。

我在身后气得张牙舞爪，却又无可奈何。

可是，徐胖子在一年后，又失恋了。

那姑娘喜欢上了一个只有徐胖子二分之一体重的瘦杆男生，就跟徐胖子说了拜拜。

这次徐胖子伤得很彻底，把微信朋友圈签名改为：你说的每一句话都是骗人的。

我为了扳正徐胖子有些丧气的世界观，天天自带大白体质，对他嘘寒问暖，还是上门服务。

这一晃，我在徐胖子身边晃荡了四年，加上过去同窗的四年，我们在彼此的人生中，相互重叠了八年的光阴。

想起《老友记》里，八年的时光，里面的主角分分合合，离婚结婚都好几回了，而我和徐胖子，花上八年的时光，说起来还是同学一场。

如果再往深里说，也就是多年老友而已。可是，老友也有走散的一天，就像《老友记》，也有停播的时候。

而这一刻很快就要到来。

徐胖子在这段失恋里，失意到走不出来，他决定辞职离开这里。

得知消息的那天，我其实难过得要死，但还是拍着胸脯，承诺给他开个温馨治愈的送别派对。

说是送别派对，其实就是几个旧识约在一起找个地方玩个通宵。

我早早预约了一个别墅趴。

徐胖子那天上午办完离职手续后，就一直待在家里收拾东西。我从前一天开始就心绪不宁，索性也请了假待家里。

离晚上的别墅趴还有几个小时，我和徐胖子一起坐在空荡荡的阳台边上，跷着腿吹风。

那会儿已是深秋，天高气爽，阳光明媚。

徐胖子眯着眼不讲话。

我也不讲话。这种即使不讲话也舒服自在的状态会更让人心生眷恋。我在饮鸩止渴。

徐胖子突然说："为什么这么几年你都不谈恋爱。"

大脑在这舒服的环境里，有点松懈，我张口说了句暴露自己的话："因为海上月是天上月，眼前人是心上人啊。"

徐胖子脸色一变。

我警觉坐起，赶紧补救，连连说："这是一句玩笑话而已。"

徐胖子表情复杂，不再讲话。

渐渐地，我被温暖的阳光照得有点犯困，就打起了瞌睡。

也不知道迷糊了多久，我突然被手机震动吵醒。

我一低头，发现身上盖了一件宽大的外衣，是徐胖子的。

我一转头，发现徐胖子若有所思看着我，是这几年来都未曾有过的眼神，里面终于有了些许内容。

我问他在看什么。

他说："你流口水了。"

……

晚上轰趴正式开始，徐胖子借了一个大烤炉，放在了别墅院子里。他说，撸串了这么久，还是第一次自己亲自烤。

他还特意拨拉着一大袋羊肉串跟我说："你看，这是专门为你买的，并且今天不会有城管来抢你的羊肉串哦。"

我丢了一个大茄子过去，徐胖子稳稳接住，眼睛笑成了一条缝。这是他自失恋以来，笑得最开心的一天。

离别的惆怅也似乎冲淡了很多。

吃完烧烤，徐胖子约我出去散步。

别墅区在郊区，所以马路上人不多，狗倒是很多。

我正和徐胖子有一搭没一搭聊着的时候，有一只大黑狗突然从我身边蹿了出去。我下意识朝徐胖子那边躲了躲，手也紧紧抓住了徐胖子的衣袖 。

徐胖子很意外，没有像往常那样嘲笑我几句，而是伸出手抓住了我的手。

我惊讶地转头看了看他。

他温和地转身对我说："别怕，有我。"

这是什么意思?

但我在他的手掌里，变得很温顺，像他经常撸的那只猫。这也是我们之间难得的不打闹不互怼不拆台的时光。

这样的姿势保持了几分钟，我感觉却像是几个世纪。这时有一个朋友走了过来，我们就自动分开了。

不过徐胖子第二天还是走了。走之前，他留了一个大白，送给我。

这是他准备送给他前女友的，但是因为分手太突然，这个大白就一直滞留在手里。

我其实是想丢掉的，送不出去的东西，塞给我，算是怎么回事？

不过我还是勉为其难地收下了，我舍不得丢下关于徐胖子的一切。

徐胖子走之后，那个大白就一直搁在我的大衣柜里，还是最角落。我怕触景伤情。不过徐胖子倒经常打电话过来，还老问起那只大白的近况。

我骗他，说大白睡觉都跟我抱一起。

徐胖子就光在那里笑，然后非要我晚上记得握握大白的手。我当然不理会这样一个莫名其妙的要求。

徐胖子离开后半年的某天，我从衣柜里翻换季的衣服，不小心碰到了大白的手。突然像是触动了什么开关似的，有一个声音传来。

是徐胖子的，我再熟悉不过了。

“就知道你会捏，你怎么这么听话啊。“

我气得拍了一下大白的脑袋。又有声音传出来，不过这次，语气很低沉。

“记得学生时代，我看《老友记》的时候，总不太理解罗斯和瑞秋为什么喜欢分分合合地死命折腾，现在我似乎有点明白了，因为两个人如果太过熟悉，所有的怦然心动都会掩盖在理所当然里，比如，我以前很喜欢每天去找你唠嗑撸串，却从来不去想为什么。”

“我现在需要好好想一想了。”声音在这里就戛然而止了。

我傻呆呆地站在衣柜前，有点蒙。

可是徐胖子并没有来找我，直到几个月后的国庆长假前夕，徐胖子说要回原公司开个证明。

他到站的那天，我特意请了假作陪。上午敲门声准时响起。我打开门，徐胖子捧着一大束玫瑰花。

我以为自己在做梦。

“方静，好久不见！”徐胖子热情地拥抱住了我，声音穿透整栋楼。

“你神经啊。”我没有别的话，只好骂了他一句。

徐胖子笑嘻嘻地走进来，我却有点想掉眼泪。桌子上有我刚做好的西红柿鸡蛋面，徐胖子很自然地坐到桌边，还招呼我过去。

“以前总觉得只有你做的面条最好吃，但从不想为什么，现在知道了。”徐胖子毫不客气地开吃了。

“你知道什么？”我问。

“知道，爱情有时候很狡猾，会披着友情的外衣，潜伏很多年。”

“所以呢？”

“所以，我来求证一件事。”徐胖子此刻脸上有着我从没有见过的郑重其事。

“什么事？”

“你还喜欢我吗？”徐胖子问。

“喜欢啊。”我几乎不假思索。

“那就好，过来一起吃面吧。”徐胖子明显松了一口气，但还是装得很淡定，不过我看见他手抖得汤汁都洒了好几处。

我走上前，拉开凳子，像以前无数个日子那样，和他头对头，哧溜哧溜地开吃了。

但我知道，从今天起，一切都不一样了。

周舟觉得眼睛有点潮了。面前的青年和当初的少年全然重合，她的心跳不正常了。

只要勇敢过，**就不遗憾了**

✽ 水生烟

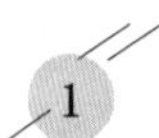

鉴于周舟在过去的春节七天假中，频繁呼朋唤友往外跑的恶劣表现，距离假期还有一周，老爸跟她约法三章：在家吃饭、在家吃饭、在家吃饭！

周舟说：“我和老朋友已经一年没见了，吃个饭怎么了？”

老爸反驳：“你和你的老父亲也已经一年，不是……半年没见了，陪我吃吃饭又怎么了？”

周舟笑起来，觉得老爸好不讲理，却也好有道理。

老妈贴着黑色面膜的脸挤过来，嘴巴动作的幅度小，说话内容也有些含糊，像是武林人士在发腹音：“昨天去参加你高老师儿子的婚礼，遇见了你的一个老同学，他问了你的一些情况，还说要来家里做客来着。”

“他叫什么名字？”

老妈思索着：“叫啥名儿……我记得他之前在深圳的投行工作。”

周舟心里轰隆一声：“陈禹？”

“对，就是他！”老妈一拍大腿，面膜掉了。

周舟笑起来。

一颗心却忍不住地百转千回——他怎么会突然打听她的消息呢？

也许是随口客气吧。

陈禹是周舟的隔壁班同学，他成绩好、长得好、人品好。

在周舟眼里，他就是和别人不一样。成绩比他好的，长得没他好看；长得比他好看的，成绩没他好；成绩和长相都不错的，比如和她同班的某个男生，总梗着个脖子叫她“胖妞”，明显人品不太行，嘴巴还很欠。

当年的周舟是个胖女孩，妈妈心疼她读书辛苦，生怕她营养不够，曾在午休时打班主任的电话把她叫出来，周舟呼哧呼哧跑到校门口，妈妈给她塞了个饭盒，里边装着切好的猪肘子，被同学们狂笑了一个学期。

胖女孩周舟是有些自卑的，但她从来都用骄傲掩饰着她的自卑。

比如她总是站得笔直、坐得端正，除了因为从小到大受到的教育，也为了不让校服里的游泳圈过于明显。

周舟的成绩很好，陈禹的名次就是她瞄准的靶心。

她还有特长，能写会画，并且不辞辛苦，每次更新板报，板报墙前站得最久的那个人都是她。

整个高中阶段，周舟和陈禹没有说过一句话。偶尔在走廊里遇到，各自目不斜视，似乎对方是透明的。

有两次他们离得很近，宽大的校服衣袖扫在一起，她心里有万顷波涛，脸上却声色未动。

周舟想，也许是因为自己不好看吧。她有些难过，却并不因此消沉，她更加努力，等待破茧成蝶。

高考结束后，周舟终于拥有了一部属于自己的手机。她写写删删地编辑了一条短信：“陈禹，你好！明天上午十点，可以在‘雕刻时光’和你见面吗？盼回复！”

周舟闭闭眼、狠狠心，按下了“发送”。

然而，他没有回复。第二天上午，周舟等了个空，不过她有心理准备，吃完一个漂亮的小蛋糕，就怅然地回家了。

周舟的人生信条是：不做冲动的让自己后悔的事，不过，确定不做会留遗憾的事，那就冲动一次，勇敢地去做吧。

她勇敢过了，就不遗憾了。

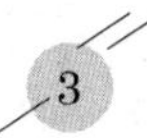

读大学后，没有了妈妈的爱心投喂，也因为积极锻炼，周舟瘦下来了。她有了美好的下颌弧线，大约是长期注意仪态的缘故，好多女生羡慕她的天鹅颈和优雅身姿。

周舟也有了一个高大帅气的男朋友，人很上进，家境也不错，是爱情对称美学里很般配的那一种。

有一天他们在餐厅里，听见邻桌女孩点餐，男友随口说：“胖妞还吃这么多！”

周舟对他生出了反感，一发而不可收。别扭着别扭着，两个人就分了手。

工作以后，时间好像“唰”的一下就过去了。

周舟马上就要二十八岁了，老妈说不孝有三：不吃早餐是不孝，凌晨不睡觉是不孝，不谈男友是大不孝。

可是周舟没办法，她没遇上合辙的那个人。

偶尔她会想起校服和校服碰触时的心跳，他带来淡淡的风，吹拂了她这么多年。

现在，他来了。

腊月二十九，他说他来给叔叔阿姨拜个早年。周舟不知道他什么时候和“叔叔阿姨”这么熟了，不敢说又不敢问。

老爸老妈陪坐一会儿就走开了，意图明显地留下了两个适婚年龄的青年。

两人坐在沙发上说话，开始还有些生疏和客气，渐渐地就处出了默契和愉快。

后来老爸老妈留饭，陈禹推辞，老妈热情挽留，他就不推辞了。

周舟心想，自己二十八岁了，他应该也是二十八岁，是不是他也经受着父母的催恋爱、催结婚，所以想在新年到来之前赶紧找到一个女朋友？

呵呵，陈禹，你雇个临时工多好！

陈禹又来了，在正月初二这天。

他和周舟有了长达数百页面的微信聊天记录，她提到了当年发给他的“盼回复”的短信，他解释说当时很多未知号码的短信都是批量删除的。

他说：“我不知道那个号码是你。”

很合理，周舟立刻就把这件事翻篇了。

事实上，哪怕他说他没看上当时的周舟，她也不会觉得过于气恼，当年他是轻盈一朵云，而她是地上追云的灰姑娘。

但现在她很自信，他优秀，她也不差，可与他比肩。

陈禹说：“那时候我常常在成绩栏上看到你的名字，你很骄傲，走路都不看人的。你有一双明亮的眼睛，脸上有一点婴儿肥。”

周舟笑起来：“我那个样子能叫婴儿肥吗？”

陈禹被她笑得不好意思，耳根红红地继续说下去：“有一次你写板报写到很晚，出来时我就在你身后。那天晚上公交车停了，不知道为什么我就觉得很担心，一直跟着你走到你家附近的路口，看到你妈妈站在那里等你……”

周舟不笑了，她记得那是个夏天，夜雾带着暑气蒸腾，外套湿湿黏黏地贴在身上。她没有拦到出租车，一路看着路灯和星光往回走。

妈妈就站在路口的灯光下，迎着她说：“你可急死妈妈了……”

周舟觉得眼睛有点潮了。面前的青年和当初的少年全然重合，她的心跳不正常了。

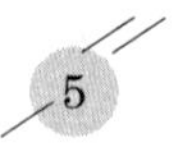

老妈说，新春正月里，陈禹过来拜年，你也要回拜才是。

周舟心里很觉异样，“是不是太快了？”

说话间，陈禹的电话就来了，他说他的姥姥年纪大了，总念叨着希望他能有个女朋友。

他说：“周舟，帮个忙！”

“请你吃饭。”他说，“包月、包年！怎么样？”

周舟答应了。

如今的优质青年、当初的心仪少年，为什么不答应呢？

在姥姥家，老人拉着周舟的手，笑得合不拢嘴，从糖果盒里一把一把地抓着糖果朝她的衣袋里塞，好像她是个小朋友一样。

屋子里温度高，等到快吃饭的时候，周舟发现有一块酒心巧克力在衣袋里化掉了，把伸进去的手弄得黏糊糊的。

陈禹陪着她去卫生间洗手，用湿纸巾一下一下地擦着她衣兜上的糖渍。

他低着头专注而认真地给她清理衣兜，她就看着他的后脑勺和挺括的衬衫衣领，以及弯身用劲时凸起的上臂和肩胛。

是真的很心动、很喜欢。

她轻声叫他：“陈禹？”

“怎么了？”

“没怎么。”她说，“看着你的样子，就像爸爸爱妈妈。”

陈禹很上道，他很快接口：“周舟，我爱你！”

人的一生会有很多不确定的事情，可我唯一能确定的事是我们再无交集。

我们曾像流言中那么近

✲李柏林

那时候我刚上大学，原本与他不是一个专业的，却因一场流言有了故事。

他会写书法，我会写文章，同学们聚在一起聊天时总爱显摆，说自己班上的谁谁谁可厉害了。无疑，我和他便会被放在一起比较。后来大家渐渐熟悉了，又开始八卦我和他会不会谈恋爱。于是，很多人开起了我和他的玩笑，校园里也开始有一些流言，说我们应该在一起。我也因此好奇地远远看过他几次，高高瘦瘦的，一身书卷气。却因为流言，不敢搭讪。

后来，他找人要到了我的邮箱，给我写了一封邮件。大概内容是，他自己对于那些流言是不知情的，因为我是女生，可能会对我造成伤害，所以他感到很抱歉。

我给他回信，说我们不管就好了，何况我们没有任何交集啊。却因此，互相加了QQ。有时候刷空间，看到他早起练字，却害怕被人误会，不敢给他留言，只是会偶尔点个赞。他也是，看见我过稿，会给我发一条信息，恭喜我过稿。我们就这样在网上有一句没一句地聊着，有一次，他问我:“要一起去图书馆吗？”我欣然同意。可仍然是保持着距离，他坐在我对面看书写字，我在这边写文章，偶尔用余光瞥他一眼，也不说话。很晚的时候，他送我回寝室，我们才会在路上聊起来，可仍然是一前一后。

学校里依旧有那些流言，说我们肯定是互相喜欢的，否则怎么没有因为流言翻脸，还能一起去图书馆呢？对于这些，我们都没有正面回应，只是说，朋友而已。那时的我们，都活在虚荣心作祟的光环里，觉得要打破那些流言才好。

可是不知道从什么时候起，他开始给我写信，一天一封，有时候是一首小诗，有时候是一些摘抄，那些信件，也无重点。我的字不好看，浅浅地回上几句，也是信马由缰。我开始偷偷地练字，希望有一天可以配得上他的来信。他们班级组织游玩，回来的时候，他送了我一把漂亮的梳子，上面镶了很多好看的水钻。从那以后，我的头发一直没舍得剪过，每天去上课前，总用桃木梳子把头发梳得特别柔顺。那把梳子也一直放在抽屉里，生怕掉了漆。

大三那年暑假，我去参加一个笔会。主办方组织去采风，我刚上车，接到了他的电话，他说自己跟发小在一起，他的发小和我一样，也是一个文艺青年。我“哦”了一声，不知道该说什么。电话那头也沉默了一会儿，然后他说："你忙吧，我挂了。"原本是很期待的采风，那天的我却心不在焉，一直在想他是不是有未说完的话。

大学快毕业的时候，我要出版自己的第一本书了。他问我："能畅销吗？"我说："不确定呢，未来的事情谁说得准呢？"他说："没事，不管什么时候，等你开签售会的那天，我一定会去捧场。"可是那个时候，我们想去的城市并不一样。那时的我以为，在感情里，妥协便是喜欢的代名词，若是没有达到自己想要的结果，删除便是洒脱的证明。

我把他写的那些信全部还给了他，并且删除了联系方式，后来在路上碰到，也当不认识。他也没有再多说什么。毕业后，我剪短了头发，那是整个青春期最短的头发，不知道怎么回事，就是突然不喜欢长发了。有一天，亲戚家的妹妹来我家玩，她在抽屉里发现了那把梳子，说这把梳子好精致啊。我听后，觉得自己用不上，便送给她了。从此，我们之间什么也没有了，空间里没有与他的互动，也没有跟朋友提过彼此的故事，更没有留下任何信物，只剩下邮箱里的那封信，好像一切又回到了最初的样子。那些流言，也随着毕业不攻自破。后来有同学说，那个时候，大家都说我和他是一对，居然到毕业都没走到一起，真是可惜了。其实没人知道，我们曾在流言沸腾时靠近彼此，又在流言中走散。

我的书过了好久才出版，并没有好的销量。这些年，我也几经辗转，生活并不如意，有好几次想要放弃写作。每次想到他，我都有些庆幸，还好当初他没有孤注一掷跟我走。

后来又隔了好几年，我在看杂志的时候，翻到前几页的书法推荐，看到了他的作品，那天的我异常开心，好像自己实现了年少的梦一样。又想起多年以前，在很多同学的心里，我和他是旗鼓相当的啊。于是，我又开始努力写。我发表了很多文章，只是，我们再也没有出现在一本杂志上。有一次，我看着书上的一幅书法，跟身边的人说，我认识他。别人说，你们都不是一个行业的，怎么认识啊。是啊，他曾经给我写了很多很多的信，就是这样的字体，可我却从未跟任何人提及，又有谁知道呢？也许有一天，我真的会有自己的签售会，但是我知道，他肯定不会来了。人的一生会有很多不确定的事情，可我唯一能确定的事是我们再无交集。当青春戛然而止，流言也如浮云般散去，没人知道，我们曾经那么近，就像流言中那样。

喜欢一个人，做什么都不觉得丢人。就像从小就对鸟恐惧的她，为了曾经喜欢的人，鼓起勇气独自去看火烈鸟。

喜欢你，**我并不觉得丢人**

✽ 苏小城

夏白枝的朋友都知道她喜欢火烈鸟，但当她真正站在火烈鸟馆的时候，她发现其实它们并不如想象中那样美丽，甚至对她来说有些可怕。而此时，导游正在安排游客近距离跟火烈鸟合影，喊到夏白枝的时候，她慌忙摆手："我，我要去上厕所。"然后她狼狈地逃跑了。

那天她没有再踏进火烈鸟馆半步，想起它们通红的身子，像是刚从烤箱里取出来的烤鸭，她就忍不住打了个哆嗦。

回程的大巴车上，夏白枝总感觉有人在她身后反复起身，虽然动作不太大，但还是让她心里毛毛的。她回头，看到一个男生的脸，正对着她笑。那笑让她不寒而栗。她记得他，他正是刚刚对着一群火烈鸟拍手称赞的人。

"干什么？"夏白枝没好气地问道。

"我的手机滑到你的脚下了，你能不能帮我捡一下？"他指了指她的座位。

"你要捡手机你就说啊，你不说我怎么知道。"夏白枝几乎是带着怒气把手机捡起来，直接扔到了他旁边的空位上。直到下车，回到酒店，她都没有再跟那个男生讲过一句话。

他们住的酒店，旅行社宣称的是三星级酒店，但是夏白枝觉得跟学校对面的宾馆差不多，她甚至在浴缸里看见一只蟑螂。她决定草草洗漱，赶紧上床睡觉。可是牙刷到一半，突然停电了。一个号称是三星级的酒店怎么会突然停电呢？没人知道。她听到有人在门外大喊"救命"，开门一看，又是他！他裹着浴巾，头上和身上都是泡泡。看到他一脸惶恐的样子，她心想：不就停个电嘛，至于吗？

"我超级超级怕黑。"他说。

“哦。”夏白枝不屑地应道。

“能把你手机借我一下吗？我手机没电了。”他哀求道。

夏白枝掏出手机递给他，然后在门外站了五分钟，他穿好衣服出来，把手机还给她，并邀请她一起去吃消夜。

反正停电没事干，出去吹吹风也好。

男生说他叫程然。对这座沿海城市，他俩都不熟。或许是因为天气，街上的人并不多。他们本来想去找一家大排档，却阴错阳差找到一个饺子店。那条漆黑的街上，只有那个饺子店散发着昏黄的光，走近一看，哪里是什么店，就是在两栋楼之间的过道上搭了个棚。

卖饺子的是一对老夫妻，大爷负责包，大妈负责煮，分工明确。

他点了半斤猪肉白菜馅和半斤猪肉韭菜馅。

她试图阻止他：“我们两个人哪里吃得下这么多？”

“我现在好饿。”他可怜巴巴地望着她。

接下来的二十分钟时间里，夏白枝只吃了不到十个饺子，然后她难以置信地看着程然把将近一斤饺子全部干掉，吃完之后，他打了个响亮的饱嗝，一副满足到不行的样子。

可是他们刚离开饺子摊不出五百米，程然就喊不行了，他说：“快让开，我要吐！”

在深夜的大马路上，一个男生因为饺子吃得太多而吐了，这样奇葩的事情，夏白枝无语到连安慰的话都不想说了。

“你真的有病。”她冷冷地说。

“我其实最讨厌吃饺子，但是实在觉得大半夜老两口摆摊卖饺子不容易，所以想多点一点，哪知道你胃口那么小！”他小声解释。

“你是好心，但也不用难为自己啊，吃不完打包不就行了。”

“我可不想回去之后房间里都弥漫着饺子味，太可怕了！”

看着眼前这个手舞足蹈的男生，夏白枝真的无法理解他的逻辑。但有那么一瞬间，她觉得他其实挺可爱的，他是她见到的第一个吃东西撑到吐的男生。

这趟短暂的毕业旅行，夏白枝本来觉得糟糕透了，却没想到在最后一晚，有了这个小惊喜作为收场。

两个月后，夏白枝再次来到这座沿海城市，这一次，她是以大一新生的身份来的。尽管，她非常后悔当初因为这里有火烈鸟馆而选择这里，但是覆水难收，她只好认命了。

但是命运还是会捉弄她。

大二有个生物课题的研究对象竟然是火烈鸟。她只能硬着头皮，再次去往那个让她毛骨悚然的地方。

同组的人都进去了，她在门口迟迟迈不开腿。好不容易走进去，就听到背后有人喊：“白痴，白痴！”回头一看，她差点瘫倒在地。

这个世界从来都不缺少巧合。

所以当回头看到那个喊白痴的人是程然的时候，她又好气又好笑。“你怎么会在这里？”她尽量压低声音问。

“我为什么不能在这里？”如今的他，成了一名火烈鸟饲养员。

上次的旅行，他因为突然有事就提前离开了，他将自己的电话写在一张卡片上，塞到了她的门缝里。可是粗心的她，当时并没有看到这张躺在地毯上的卡片，她甚至还在埋怨他的不辞而别。

果然男生都是绝情的物种啊！她一边打包行李一边想。回去后的日子里，她偶尔会想起那个深夜的饺子。

有了程然帮忙，夏白枝的课题研究做得很顺利，而在他的开导下，她对火烈鸟这种生物也渐渐没有了偏见。作为感谢，她没课的时候会跑到馆里来帮忙，甘愿做他的小跟班。

他们也曾去找那家饺子铺，从那次住过的酒店出发，可是换了好几条路线，都没有找到。以至于他好几次问起她："那晚我们是真的吃过饺子吧？"她肯定地点点头："吃了，你还吐了，你不是在做梦。"

可是程然说："我还想吃他们的饺子啊，怎么办？"

于是，在某个下午，夏白枝去了学校附近的菜市场，称了一斤猪肉一斤饺子皮，白菜和韭菜各一半，回到寝室，花了整整两个小时包好了。然后又跑到同学住的出租屋，借了厨房，煮好打包，带去了程然的宿舍。

左等右等等不到程然，又怕饺子放久了不好吃，于是她去了火烈鸟馆。

那天，恰逢程然的同事有事请假，所以他一个人忙得晕头转向，清理完粪便也顾不上洗手就开吃。饺子不多不少，整整五十个，他当然没有吃完，狼吞虎咽三十个已经到极限，剩下的，留着第二天吃。

"你真的那么喜欢火烈鸟？"她问。

"以前没有，现在倒是真喜欢。"他笑了笑，说："我听说，你从前也很喜欢，为什么你第一次见到它们的时候却一直板着脸？"

"那我告诉你吧，我在高中曾经暗恋过一个男生，他是美术生。他很喜欢火烈鸟，所以画了非常多色彩斑斓的火烈鸟。因为那些画，我一度以为火烈鸟是彩色的。"她突然停了一下，语气变得沉重："不过，我去跟他表白，被拒绝了，是不是很惨！"

"是挺惨的！哈哈哈。"

"你要死啊！"夏白枝把保温桶像炸弹一样丢给他，转身要走。

当然，程然没有让她走掉。他请她去看电影，可是太累的他在电影院里睡着了，并且发出不小的鼾声。夏白枝没办法，只好叫醒他提前离场。台风天，路上到处都是行色匆匆的人，幸运的他们赶上了最后一班地铁。出地铁站的时候，人太拥挤，夏白枝回头看他的时候，他突然拥抱了她。夏白枝被吓傻了，她奋力推开了他："你……这是公共场所，你知不知道？"

"知道啊。"他点点头。

"那你还这样？"夏白枝的脸红了。

"因为我喜欢你啊，我喜欢你，我并不觉得丢人。"

是哦，喜欢一个人，做什么都不觉得丢人。就像从小就对鸟恐惧的她，为了曾经喜欢的人，鼓起勇气独自去看火烈鸟。而他何尝不是因为她，打听到她要去看火烈鸟，然后报了同一个旅行团，后来得知她要去那里上大学，便去火烈鸟馆应聘了饲养员。现在的他，是真的喜欢火烈鸟，因为他觉得是火烈鸟让她来到自己身边的。

他们恋爱了。

在爱情里，人最初动心的那一瞬间往往具有真正的决定性意义。

恋爱的
决定性瞬间

✽ 梁永安

我考入复旦大学时，全校总共五十几个留学生，都是来自欧美和日本。当时学校有个规定，就是要选一个中国学生和一个外国学生住在一个房间，外国学生在这里学习多长时间，你就跟他住多长时间，一般也就是一年，最长两年。这样彼此可以互相交流、互相学习，外国学生可以很快地学习到中国语言和文化。我当时跟一个美国人住在一起。

有一次学校组织到上海的国棉六厂参观，接待我们的是一个年轻的女孩。美国留学生里有个男生，中文名字叫陶明龙。他一看到这位女生，眼睛就亮了，直呼这个姑娘太可爱。

男生看到可爱的女生，经常心里想：哎呀，这个女生太可爱了。但实际上他可能就是感慨一下“太可爱了”，然后什么行动也没有。但陶明龙不一样，他开始想方设法跟她说话，跟她要联系方式，表现出了特别坚定的意志。最后，两个人谈了恋爱，但陶明龙远在美国的父母坚决反对，对他表示：如果你要坚持，从此断绝你的经济支援。面对这些困难，陶明龙还是不放弃。离开复旦大学的时候，他们两个人结了婚。当时，他们连回美国的飞机票都买不起。两人去了香港，在码头钉箱子打工，干了半年就为了挣到回美国的飞机票钱。最后他们在一起生活得非常幸福。在爱情里，人最初动心的那一瞬间往往具有真正的决定性意义，能最终建立起一个非常幸福的、有价值的生活。

在上海，有一家在年轻人中非常受欢迎的咖啡馆——鲁马滋咖啡馆。这家店是怎么来的呢？一个上海姑娘去日本留学，认识了一个日本男青年。大冬天，两个人走在东京街头，忽然闻到一股非常芬芳的气息——来自咖啡馆。就那一瞬间，这个姑娘心里涌出一种强烈的愿望，跟男生说：这样吧，我们一起去上海，这辈子就开一家咖啡馆。男生对咖啡一窍不通，女生其实也不明白。但是男生抓住那一瞬间说：“好，我们去。”

回来以后两人坚持用最高标准来做咖啡，做得特别好。他们两个人的生活，就这样通过做一件彼此都喜欢的事情建立起来了。而这源自当初那一瞬间的决定，所以我觉得爱情本身，有时候就是在那几秒钟决定的，而我们很多青年没有这几秒钟的领悟。

人 生 体 验 派

人生是用来体验的，不是用来演绎完美的

人生处处是起点，
无论什么时候开始都不算晚。

——毛姆

少年人不应怕

✲ 王宇昆

当懂得如何去同“恐惧和挫败感”相处之后，
会发现人生中很多死结都有了疏通的可能。

01

读大学时，有一次路过学校贴满广告的公告栏，看着一层又一层覆盖着的雅思、托福培训广告，当时心里特别不屑，总觉得将来绝对不会这样折磨自己，去考那些看起来对人生没有太多帮助的考试。

三年后，再路过那个公告栏时，才意识到当初的自己想法太简单。

那一年的秋天，我每天除了睡觉、吃饭、上厕所，剩下的时间几乎都投入在学英语这件事上。和许多同学不同，张口说英语的时候，我的脸上没有自信的微笑，而是拼命绞尽脑汁地在想，下一句我要怎么说。

大三下学期的时候，我常常陷入纠结中，一直在心里做权衡，到底是该步入社会开始工作，还是在国内读研究生，抑或是出国继续深造。

问询父母意见的时候，他们说：“依你吧，无论做出什么样的选择，爸妈都支持你。”其实他们如此回答，原因有二：第一，他们是真的希望我能按照自己的意愿去选择，只要快乐；第二，他们不知以怎样的方式帮助我。

我最初想要上的学校是新加坡国立大学，我对这所学校有着太复杂的感觉，喜欢它喜欢到把它的校园风景打印成照片，贴在墙上，每天以此激励自己。

一直以来，我都是个争强好胜的人，定下的目标就一定要完成。可是几个月后，我选择放弃去新加坡国立大学。原因很简单，那里没有我真正喜欢的专业。也是在那时候，我突然想明白了一个道理，我不愿意牺牲掉自己真正喜欢的东西，去学自己不感兴趣的东西，否则就违背了自己当初决定出国深造的初衷。

最终在很多人的推荐下，同时我也搜集了很多资料，把目标转向了有着丰厚文化艺术历史氛围的国家——爱尔兰。

说实话，我是有点害怕的，因为对我而言，爱尔兰是一个完全陌生的国家，那里有着与我们完全不同的文化。我开始担心，自己是否能适应那里的生活。

但既然决定了，再多畏惧也要迎难而上。从准备语言考试，再到准备申校资料，看似很普通的两个环节，其实要倾注非常多的精力。英语不好的人要通过雅思、托福考试，首先要把自己过去所接受的传统英语学习模式扭转过来，其次是每天都要花时间去训练以及适应。

再也不是敷衍地去应付期末考试，每当想到自己几个月后真的要在爱尔兰生活的时候，你会逼迫着自己适应，逼着自己把那些又长又相似的单词，一个个深深地印刻在脑袋里。

幸运的是，后来成功考到了目标分，努力总算没有白费。

原以为语言考试通过了，可以松一口气了，才发现准备申校资料的过程是一个烦琐的过程：须得准备一份出色的个人简历，一份优秀的个人陈述，还需要拿出一份能代表自己水平的作品集。在这个准备过程中，需要不断精心地去修正，虽然不轻松，但是收获了满满的成就感与自信。

执着于某件事而为之奋斗，这样的时刻无疑是珍贵的，它像某个声音，催促着你继续全力以赴。

收到录取通知书的时候，我和朋友正在去往长白山的高速路上。

看着学校发来的那封邮件，简单的“Congratulation”惹得我异常兴奋，心脏跳动都比以往快了几拍。

将喜讯发给父母的时候，我爸笑了笑说，他知道我从来不会让他失望。

02

从爱尔兰毕业回国之后，我顺利入职了一家在行业里算得上是顶尖的公司。

面试的时候，有一个问题，我回答了无数遍：为什么会选择上班，这种朝九晚五按部就班的方式，你真的喜欢吗？为什么不去专心做一名作家呢？不管是层级多么高的管理者，还是同一时间入职的新人，他们都会充满期望地看向我，等待我说出一个答案。

无论听到这个问题多少次，内心都会滋生出一丝丝畏惧。

我过往的人生都太顺利了，写作、出书，就连对常人来说很难成功的减肥，也顺利地完成了。与同龄人相比，我拥有他人未曾拥有的人生体验，这些体验也逐渐在我心里面构筑起一堵名为“骄傲”的墙。

想要做到的事情，几乎都能全身心投入，绝对达成；想要得到的东西，就算不能完完整整地拥有，也至少八九不离十。但我反而不会为此自豪，相反，会越来越害怕失败，觉得“成功”是我生命中至关重要的事情。

正式进入职场开始工作之后，某种程度上削弱了我的这种“傲气”。生活告诉我，任何人都会经历落差与失败。

某个秋天，下着大雨的傍晚，我结束了出差。在回上海的车上，我问同行的老板：“如果我没有做到，你还会给我第二次机会吗？”之所以这么问，是因为作为职场新人，老板却将一个很重要的项目交由我来负责。其实我懂，于她而言，这是一个充满风险的决定。所幸的是，我顺利地完成了，虽然不算足够出色，但也过了及格线。

不抱期许是假的，我特别希望在复盘会上，凭借着出色的表现获得掌声，同时，想必老板也希望能从一个新人身上看到惊喜。于我而言，当抱着期许去竭力完成一件事的时候，会更加看重结果，倘若有一点偏离，便会感到沮丧。

本以为老板会给我一些温柔的鼓励，但她在听完我的问题后不假思索地摇摇头，说："如果你做不好，我会把机会给下一个人。工作不是学校考试那么简单，考不过还有补考的机会。"听她说完，我突然很庆幸，至少我把接手的工作顺利完成了。

通过这次经历，我习得了一个很重要的本领，那就是"给自己勇气"。

我不能说它是应对"失败"的最合理的方式，但至少我好像可以通过这个途径，来控制自己的情绪了。尽管她的回答很直接，但也是我喜欢的方式。因为，我也不想在成人俱乐部里，被当作一个需要哄着的小孩子。

当懂得如何去同"恐惧和挫败感"相处之后，会发现人生中很多死结都有了疏通的可能。期望着喜欢的人也可以喜欢自己，传递同等的好感。期望着朋友可以一直长长久久，一起前行的道路没有分岔口。期望着所有虔诚心愿都可以实现，雨天的日子总是刚好带了伞。

当期望无法逐一满足，那落空的期待，其实可以被温柔对待，只要我学会与自己和解，仍旧心怀希望，充满勇气地去重启每一次的可能性。

这样说与这样做，并不是在降低自己可接受的阈值，而是捡拾起每个少年都应当刻在骨子里的骁勇，用尽全部力气去争取去努力，去打败畏惧。我当然知道，这不是一件简单的事，但至少，在每天行色匆匆的办公楼里，有无数人在用他们的亲身经历教育我。

那天出差结束，回到上海后，跟老板一起简单吃了晚餐。告别的时候，她对我说了这样一句话："但至少我没看错你，机会应该给你，因为你值得。"

我想，或许这也是自己想要勇敢闯进这个成人世界里的真正理由。

说完，她冲我笑了笑，然后钻进出租车里。淅淅沥沥的雨声，似乎是远方传来的奏乐，撩动着我的神经，在背景音的衬托下朝我说："谢谢你够勇敢。"

03

时至今日，依旧能回忆起一个人在寝室里挑灯夜战学雅思的时光。但当我回头看的时候，却心生感慨：值得。

时至今日，也依旧在职场上会有许多没有安全感的时刻，回忆起那场雨中的自己，他人对自己说过的话，以及，自己默默下定的决心。

这些细碎的瞬间，都在告诉自己，不要想着逃避。并不是所有的逃避就会让接下来的人生不碰壁。躲闪过后或许一马平川，但接下来的人生并非如想象中那样完美。

或者说，更多的是"不甘心"。

活在时间差里的我们，永远不可能知道自己将来会走向何方，但我们应该明白的是——朝着它，少年应当有勇往直前的魄力，不要畏惧，不要犹豫。只要认准了，就竭尽全力地去努力。无论结局如何，你付出的努力永远不会被清零，在将来的路途中，它们会变成光，一点点照耀你的前程。

我做杂志编辑的日子

✼简洁

那是一种强留不得的无奈，是一种自己往前走，把它留在身后的无疾而终。

01

2016年的最后一个月，我和西西弗书店的员工聊天时，被告知他们的杂志区要撤掉了。

听到这个消息的一刹那，我感觉在年末的兵荒马乱中，听到了一声沉闷的敲击，世界都静止了一下。“一个时代，真的要结束了。”我听见心里有一个清晰的声音宣告着这一事实。

即使是在一个月前，我知道我所工作的杂志《女报时尚》将要停刊时，我都没有如此震惊。我以为我对杂志的告别会是我知道消息的那一刻，会是我写最后一篇文章的那一刻，会是最后一期下印时的那一刻，抑或是最后，在拿到最后一本十二月份的样刊的时候。

但是，最后一根稻草，来得这样轻描淡写，只留下我摇摇欲坠。

我想起我大学时认识的一个女孩，我们都有一个做杂志编辑的理想。有一次，我们在橙黄色的宿舍楼道上，一边晒被子，一边看夕阳。我们说起做杂志最让人期待的部分，是我们做的杂志会出现在书店和报刊亭里，不管我们在哪一个城市，都会让人们看到我们每个月做出来的东西，我们都能遥知近况。

这大概就是我心里做杂志的最神奇和美好之处。

我始终保持了一个幼稚的习惯，每次旅行，都会去机场书店看看店里的陈列并拍下来。之前，有个在北京的作者说在报刊亭买不到我们的杂志，我前年去北京时住在东直门大街上，从住处出来的报刊亭就有，顶着报刊亭大爷和路人的注视，我乐滋滋地拍了照片。

这大概是杂志编辑的一种幼稚的骄傲。

我现在写稿的一本杂志，之前在深圳万象城的西西弗书店有陈列。万象城可以说是深圳最奢侈繁华的商场了。在逛这样的地方时，走到西西弗书店里，可以看见有我名字的杂志，这种虚荣感让我感到欣慰。

我不是不知道杂志行业的摇摇欲坠。从进入现在的杂志社后，平均下来，几乎每个月，我都要送别一个同事。我是一个很害怕离别的人，不管之前关系如何，到最后都会有不舍。后来我想想，那种不舍大概是一种惶恐，是一种在一艘将沉的大船上，看着别人先离开的感觉。

但我没有要离开的念头。从一开始，我就决心要做到它停刊的那一天。换个角度来说，正是因为我知道这个时代将要不长久了，我才格外珍惜和它相处的时间，我知道，写一篇就少一篇，做一本就少一本。

抱着这样的觉悟，我和这本十四岁就开始看的杂志走到了最后。直到最后，我想起当时在宿舍楼上的那两个女孩的聊天，还是觉得不虚此行。

我可以接受它的结束，但没想到，回忆起梦想开始的情景，还是那么痛。

02

2017 年我去北京时，照例又见了那个拥有同样理想的朋友。我们在地坛慢慢走着晒太阳，和当年在大学时散步的情形并无二致。

我和她说起看过的一篇公众号的文章，标题是“为什么优秀反而成为你最大的阻碍”。大意是传统媒体的人，看不起借新媒体起家的人，就像当年火车刚造好时，坐马车的人嘲笑火车没有马车跑得快，最后却被远远甩下。

我仔细想了想，我并没有否认火车跑得更快。我一边说，一边跳上地坛中心的阶梯，和我的朋友同时想到了《我在故宫修文物》：也许我们就是想坚守一些就算时过境迁，但仍然有保存价值的东西呢。

我想起在和另一群朋友吃饭时，签单时我随手拿出了自己包里的笔，有一个朋友笑话我：“我终于知道你们杂志是怎么倒闭的了，到现在还手写稿子。”

这个习惯其实是我在上一家时政杂志社留下的，到《女报时尚》之后，我还是在电脑上改稿子更多。那家时政杂志有着我见过的最严谨的改稿态度。一篇稿子，从打印出来之后要经过三审三校，共六次修改，而且每一遍都是用不同颜色的笔清清楚楚地画出来。主编对字词的修改极为较真，我记得当时每一篇稿子发下来，我都像在看高考前的语文病句复习题，誊改的工作几乎是最重要的一步。

当时我们每期的稿子都要评级，一个好的编辑能把一篇 C 级的稿子改到 B 级。我的作者们都是各领域的专家权威，但在文字上，我切实感受到编辑在提升稿件质量上的作用。当时有一个作者，是我大学时所修方向的专家，我写论文时经常会参考他的书。在看过我改过的稿子之后，他称赞我把两篇流水文改成了被媒体争相转发的文章。

这种编辑功力，其实只有识货的人才看得出来，远非修改错别字和病句那么简单。有作者直接表示，他喜欢把稿子投给我们，就是因为我们对文章的认真加工。而我每次看到发回来的审稿单时，也每每会由衷地佩服二审和三审的功力，觉得自己在他们手下，还有很多东西要学。

《女报时尚》的文章修改和前一家又有所不同，给作者讲稿的比例大了许多，一篇文章最后改下来，幅度往往会很大。有同行问我，有些在《女报时尚》发过稿的作者，为什么在别家杂志上发表的文章质量会差很多？这种情况往往是因为编辑在背后做了大量的工作。

修改让人闹情绪，烦躁，乃至厌倦。在这个过程中，有些作者选择了更轻松的方式，不再给杂志这种费时费力而又性价比不高的地方写稿了，也有作者一直坚持了下来。他们喜欢看到自己的原稿由粗糙加工到脱胎换骨。

可是我不能给出一个励志的结局，如今的现状是写公众号的文章，连错别字都懒得改的人，自身经营得好像远比老老实实给杂志写稿的人要好。如果套用那篇公众号的理论，大概就是他们坐在火车上看着后者笑的场景吧。

但我唯一能保证的是，那些经过认真雕琢的文章，经过时间的沉淀，会在人们的记忆中留存得更久。

03

在旧路上徘徊的人，好像通常都有些懒。

比如我问过作者岑桑，为什么不去开公众号。这个经常一稿过审，长篇小说一本接着一本出的作者告诉我，她每次给杂志写稿都把自己当成新人。她说，她只是在一条路上走惯了，在还能走下去的时候不想换。

比如我问作者章青定为什么不写微博，她说没有时间。但事实上，她写稿子的时间，自我否定和自我调整的时间，比一般作者要多两三倍。

她们在自己觉得重要的事情上勤奋，在觉得不紧迫的事情上懒惰。我有时会觉得有些可惜，但我没有立场劝导他们，因为我也是这样的人。

那些勤奋经营自己而不是经营作品的人，我羡慕他们前路无忧，但我不想成为他们。比起这些人，我像欣赏故宫里的文物修复师一样，欣赏还在走旧路的人。

这种懒惰，大概也是一种选择吧。

有时，我希望能有这么一块地方，能够逃离时代大潮的裹挟。就像故宫博物院的后院一样，推开门进去，有一群不计时间和成本的人，为一些也许过时的东西忙碌着，在这里保存他们和它们的价值。也许是实物，也许是精神。

离开时政杂志社后，我给主编送过一个礼物，是我在去日本的飞机上买的 ANA 航空的一支纪念笔，可以转换蓝色、红色和铅笔三个笔芯，这也是主编最常用的三种颜色。我觉得没有人比他更适合这支笔了，便买下来寄给了他。他修改的稿子，是我编辑生涯中非常重要的记忆。

我记得他问过我，为什么会选择到杂志社应聘。我说，报纸太快，书的周期又太长，只有杂志，不长不短，能够提醒我时间正在流走，适时唤醒我的存在感。

这个情形至今还历历在目。

我迷恋杂志的时间感，和这份时间感下的记忆。不长，不短，适时停留，适时沉淀。

也许，还有适时再见。

04

其实说起来，最先教会我告别的，其实就是杂志。

每到年末进行年终总结时，我都要进行一项工作：整理杂志。把订阅的杂志从第一期到第十二期按顺序放好，归回书架，便感觉可以安心和这一年道别了。

高中以前，是母亲给我订杂志。那时我一个月订七八本杂志，从《萌芽》到《作文通讯》，从《儿童文学》到《青年文摘》，从《童话大王》到《女报时尚》，这些杂志都寄到母亲学校的收发室，我每次跑过去，在一堆杂志里翻出在封底右下角用圆珠笔写一个“蒋”字的杂志，是我记忆中的快乐时刻。那时我就开始学会割舍，在每年删减更换要订的杂志时，选择性地说再见。

有两本杂志的告别让我记忆犹新。

一本是《童话大王》，我当时一点也不觉得郑渊洁一个人一个月写一本杂志有什么问题，皮皮鲁、鲁西西、舒克、贝塔、罐头小人，他的各种脑洞我都照单全收。我还记得，杂志上最后一篇连载是《智齿》，讲人其实是因为长了智齿之后才变得有天赋的。主人公因为长了智齿变成一名作家，最后又因为拔掉智齿而变得平庸。失去了天赋的主人公怎么样了？此后十余年的时间里我都不知道结局，因为在下一年，郑渊洁决定将自己转型后的“成人童话”以书的形式出版，而《童话大王》这本杂志则重复刊登他的旧作。

我至今记得我收到下一年第一期《童话大王》时，那种惊讶又愤怒的感觉。他给读者的解释是，因为新的小读者们不一定看过他以前的作品，所以这样做是为了照顾不同年纪的读者。但对我来说，花钱订了新的一年的杂志，凭什么都是以前看过的东西？我那时猝不及防地感受到了成人世界的恬不知耻和文过饰非，这本杂志便以废纸的形式与我进行了相看两厌的告别。

还有一本是《儿童文学》。那是我除《女报时尚》外最难割舍的杂志。我记得当时杂志的封底写着“适合0至99岁人群”，我就暗暗下决心，要将这本杂志订到老。

高中之后，我就没有再订过杂志，改为每次回家时在地下通道的杂志铺买。后来读大学，大学城的岛上交通超级不便，报刊亭也没有，我于是骑车到大学城南区的邮局去订。最终和它告别的时候，是我意识到，我桌上累积了十本杂志，我一本都没看过。那是一种强留不得的无奈，是一种自己往前走，把它留在身后的无疾而终。

但仍有一些东西是延续下来的，比如我通过《儿童文学》认识了李静睿，当年一篇《为了忘却的记念》，让我念念不忘。后来我才发现我和她走了几乎一样的道路，先去时政杂志，跑两会，认知这世界深刻而复杂的样子，最后辞职，开始写一些自己想写的东西。这大概也是大多有杂志梦和写作梦的人最终的轨迹。当然，她比我走得更好，看到她终于出书时，我看到了梦想的另一种可能性。

也许，在奔三的年纪里，我可以用更缓慢的节奏向前走了。

转头来看，如果我在三年前没有入职《女报时尚》，其实我和它也将进行第二种告别。如今，我为它付出过，哭过，笑过，抱怨过，伤心过，放弃过，挣扎过，最后以自己的方式好好送它走，其实这个结局也并不算太坏了。

它最好的时候我不在，但我确实把我最好的时候给了它。这是一曲只有我听到的告别歌。

人生很短，请尽情绽放

✽公子伊

一张改变命运的纸

2018 年，我拍了一部旅行纪录片叫《一百种生活》，后来这部纪录片帮助我登上了福布斯“生活方式”领域最年轻的 U30 榜单（Under30，30 岁以下的青年才俊）。

这个追梦的故事，要从我大四那年讲起。

那一年我特别迷茫，不知道自己未来要做什么。我很喜欢到处旅行，但我不知道旅行这件事如何为我带来收入。我可以通过做自己喜欢的事赚钱吗？

有一天半夜，我突然梦到一个重症病人躺在 ICU 病房里打点滴的画面，我一下子就从梦中惊醒了。

我告诉自己不能再这样颓废下去了。我要通过努力将这一年变得充实。所有我想做、没能做、不敢做的事情，我都要痛痛快快地去做。

当我拥有这种心态之后，我的人生态度发生了巨大的变化。首先，我有目标了，明确了接下来这一年我要做些什么事情。我问自己，最大的遗憾是什么？我的心告诉我，是没能走遍这个世界，留下一个属于自己的作品。于是，我想拍一部旅行纪录片。

我拿出一张白纸，开始写关于旅行纪录片的想法。在看到那张白纸时，我第一次有一种“原来我们的人生可以被设计”的想法。

随后，我在那张纸上写下了《一百种生活》的旅行计划。写完后，我开始设想有没有办法能够拿到一笔钱，让我实现这个计划。于是，我做了一件很重要的事情：我翻了一下微信通信录，列了一个潜在投资人的名单。翻到我以前实习过的一家公司的老板时，我想起这个老板当年是白手起家，也许可以和他聊聊。

第二天，我带着这张纸去了他的公司。当时，一排老总坐在我的面前，我刚开始讲得很混乱，不知所云。但讲到自己很热爱的部分时，我忽然感到内心有一股力量喷涌而出。我越讲越自信，相信那一刻我的眼里一定充满了光。不过讲完后，我看到那些老总们都在摇头，心想可能没什么机会了，就准备收拾东西走人。可刚要离开，大老板开口说：“如果我给你 15 万，你能把这件事做好吗？"

当时以为那天只是普通的一天，却没想到居然是改变我命运的一天。

为什么大老板愿意给我这笔钱呢？我后来了解到，他本来是希望等公司更稳定些，再投资一些有梦想的年轻人，没想到我在这个节点跳了出来。于是，他成了那个给我递伞的贵人。

于是，我拿到了我人生中的第一笔投资，15万。当我身边的同学还在投简历、找工作的时候，我忽然意识到，我的人生进入了最有创造力的阶段。

我也了解到很多公司老总都是白手起家，这和我在大学时用一张A4纸拿到15万，开启自己的梦想有异曲同工之处。那些改变我们生命格局的事件，往往始于微小而简单的一步。

将热爱变现

我在拍《一百种生活》的这几年，是如何坚定自己的热爱的呢？

为了实现梦想，这几年我创造了各种各样将热爱变现的方法。我在旅途中招募付费的生活体验官来体验拍摄，我也卖过我的读书笔记和灵感。不拍纪录片的时候，我把家里的客厅拿来做活动，每周末邀请6位客人来做晚饭和讲故事。我通过这些方式，一边交朋友一边赚了10万。

《一百种生活》中，有一期我想拍摄一位企业家在上海的生活。我当时遇到了一位贵人——粟先生，他10年前白手起家，把一家企业做成了上市公司。粟先生很喜欢与创业的年轻人交流，我有很多财商思维是在他的指点下开始萌芽的。

我打电话对粟先生说，想拍摄他的生活，但他因为不想高调展示自己的生活而拒绝了我。我觉得他是一个很好的主人公，不想错过这么好的题材，怎么办呢？找他的痛点。

我想到，他其实很喜欢与正在创业的年轻人交流，便立刻打电话对他说："我可以带6个向我付费的创业者去您的花园别墅，完成一个下午茶加晚宴的活动。大家既可以互相交流，又可以介绍自己的创业项目，您还可以给他们提供创业指导。"他立刻答应了。粟先生还对我说："很好啊，你已经懂得如何把身边的事变得有价值了。"

我将那一期招募创业者的活动命名为"贵人项目"。在拍摄时，我甚至还得到一家投影仪公司的赞助。后来我和粟先生连续做了3期"贵人项目"，帮助18位创业者解决了问题。在这之前，它原本是一个被拒绝的视频合作项目，但通过我的努力，意外变成一个持续盈利的项目。

2021年，我登上了福布斯U30榜单。福布斯榜单其实可以自己报名，我就是自己填表报名的。在福布斯的官方公众号上，我看到关于开放榜单报名的文章，当我正准备关掉报名窗口时，忽然心里有一个声音说："现在就报。"很多时候，在事关命运的抉择面前，我真的觉得是未来的我在帮助现在的我。

那个下午，我认认真真填完了那张报名表。半年后，我收到福布斯主编发来的消息，他对我说："恭喜上榜。"

在追梦的日子里，我还卖过我的读书笔记，卖过下午茶，卖过故事……之后我更加确定，我在"热爱变现"这件事上是有天赋的。我渐渐发现，很多人找到自己的热爱后，因为没办法变现，所以没能进一步实现热爱。我想帮助更多人将热爱变现，我意识到这是我真正的使命——帮助用户把热爱的事情变得有价值。

道歉不只是为了获取原谅

✻ 吴梦莉

01

年岁渐长后，道歉成为一件日益困难的事情。我已经许久没有真诚地向人道过歉了，这并非意味着我没有做错事，相反，成年后的我做过的错事数不胜数。

之所以不道歉，无非是因为自尊心不允许。哪怕是破罐子破摔，也要有宁为玉碎不为瓦全的气势，仿佛自己坚不可摧。

中学时学廉颇“负荆请罪”，廉颇赤着上身，背着荆条，在蔺相如的门前长跪不起。那时候的我，其实并不能理解廉颇背荆条的含义，只浅薄地将其视为一种姿态，一种古人特有的仪式感，甚至觉得有些可笑。

后来，我经历过很多不好的事，辜负过别人，也被别人辜负过，来来往往，反复纠缠。有人曾在夜深人静时，给我发消息，说“对不起”——黑色宋体，简洁明了的三个字，出现在屏幕上，仿佛暗色的、纠缠的藤蔓。而我坐在电脑的另一端，半真半假地回复“没关系”，心里却明白，道歉之后依然会出现重复的错误，没有什么会变好。

可真正的道歉不应该是这样的。它不应该是简单的“对不起”与“没关系”，它有更深层次的含义。

很久以后，我才渐渐明白廉颇的负荆请罪能流传千古的原因，因为它是一场关于道歉的教育。在廉颇背上荆条的刹那，他已经抛弃了廉价的自尊心，以最诚恳最柔软的姿态，将自己交付出去，并赐予对方伤害自己的权利，因为，“我曾这样伤害过你”。

原始的道歉是需要付出代价的，它用自己的疼痛来证明：我明白自己做错了什么，并发自内心地为其忏悔。

时至今日，我们都不太习惯脱口而出的“对不起”，甚至在自己的道歉得不到回应时，会暗暗怨恨对方，觉得他们太小肚鸡肠，觉得他们得理不饶人。

可是我们忘记的是，道歉本就不该只是为了获取原谅，相反，它是一场自我惩戒，是一场对自身罪恶的博弈与杀戮。

02

读大学时，我常常能在女生宿舍楼前

遇见吵架的情侣，男生或下跪，或自扇耳光，仿佛演偶像剧一般，在盛大的自我感动中逼迫对方的原谅。

我畏惧这种人。他们偏激、执拗、自怜，连道歉这样一个表面上是“我祈求你的原谅”的行为，都表达出了“我命令你必须原谅”的意思。

于是，道歉的表达成为施虐者和受虐者的表演，人们宁可虐待自己，也不肯看一眼自己的内心，不愿意思考自己为什么会走入这个境地。

心理学家李雪对此有过讨论，说认错之所以困难，是因为这里面有个生死较量的问题：我是对的，则我可以活下去；我意识到我错了，则“自我”就被杀死。

她又说，人类是个很奇妙的物种，对“自我”这个头脑幻想的捍卫，胜过自己的生命。从心理学的角度看，很多人类行为的出发点是为了捍卫自我的正确性。

这是人的本能。

高中时，班上有个女生不受欢迎，大家给她取了侮辱性的绰号。只有我没有加入那场欺凌的“狂欢”，仍然叫她的本名，她也因此与我亲近，常常在体育课后，往我的课桌里放一颗糖。

有一次，我因为他人的怂恿，叫了她的绰号。之后，我多次向她道歉，甚至亲手折了一百只千纸鹤，在上面写满了道歉的话……

即便如此，她依然不肯与我说话，即便迎面遇见，也会回避眼神的对视，仿佛回避一场冬日的寒流。

我其实是委屈过的。人人都叫过她的绰号，为什么她偏偏对我那么严苛？要知道，我可是唯一向她道歉的人啊。

很久之后，我才渐渐明白自己做了一件多么卑劣的事情，明白在一场道歉中，最打动人的并非仪式感，而是真实感。

痛哭流涕总好过惺惺作态，然而，即使道歉了，被刀划破的位置还是会留下丑陋的疤痕。

03

小时候，我在书上看到一个冷知识，说猫会在空中调整落地方向，因此不会摔伤。看书时，我恰好在二楼阳台，从小养大的猫咪趴在脚边睡觉，像一张软绵绵的毛毯。于是，我抬起脚，踢中了猫咪毫无防备的腹部，将它从二楼踹了下去。

时至今日，我依然记得猫咪发出的那声惨叫，记得它侧躺在院子里瑟缩的样子。我快步跑下楼，将它抱在怀里，反复向它道歉。最后，它一瘸一拐地走开，再也没有回来过。

这么多年过去，我多次追问自己，想要明白自己是不是一个恶毒的人，想要知道自己为什么能够欺凌自己亲手养大的猫咪。

而每一次想起这件事，我都为自己的行为而感到恐惧，感到恶心。长大后，我收养流浪猫，一次又一次地在网络平台发表对虐猫者的谴责，因为只有这样做，我的良心才不会痛得那么厉害。

我想，真正的道歉，是会改变人的一辈子的。

我之所以能够成为今天的自己，与十几年来对这件事情不断的咀嚼和反省不无关系。因为我知道自己人性中极为恶毒的一面，知道自己的蛮横与残忍，才会不断地约束自我，学习仁慈，为内心的恶意套上剑鞘。

那声痛呼从未停止过，它提醒我，逃避丑恶的确是人性，可人性，并不是一切问题的答案。

内向的人，你没有做错任何事

✻夏阳

01

他在童年时代，最怕的一个地方，就是理发店。小镇的理发店环境简陋，师傅小工都是同一个人。

他被领去洗头，这是他最紧张的时刻。喷头的水冲下来，打在他的头皮上，很热。他想让师傅把水温调低一点。可是话就在嘴边，却说不出口，最后还是忍下了。让年幼的他和陌生的大人讲话，比忍受热水浇头更难。

他就在这样的热水中，咬着牙冒着汗，等待洗完。

很多年以后他调侃说，我现在容易脑子发热乱说话，就是小时候给烫的。他跟人提起这些事，别人理解不了，水热就说啊，为什么不开口？

他们说他有病。

他试图解释："不，我不是有病，我只是太内向，我跟陌生人说话心里有障碍。"

他们说："那就是有病，你不正常，你看看人家的小孩怎么不这样。"

他不知道该怎么反驳。

02

他特别讨厌过年。

寒冷的天气，春运的火车……还有，午夜十二点后，要一个个打给亲戚的拜年电话。只有在春节的这一天，他才知道原来家里有这么多亲戚，天南海北。而他和这些亲戚，每年只说这一次话。即使这样，他拿起电话依然感到局促不安，手心冒汗，如芒在背。

他硬着头皮，强颜欢笑，时间仿佛被无限拉长，这一通电话怎么也打不完。最后，即使电话挂断了，他还要被教训一番。

"让你打个电话怎么就这么费劲？"

"你看看人家的孩子多会说话！"

"你呀，不行，太窝囊。"

"你不正常。"

他不想辩解，刚刚的电话已经让他筋疲力尽了。

03

每次有同事发起聚会，他都尽量找借口推脱。原因很简单，他跟那些人没话可说。与其坐在一起吃饭尬聊，不如在家踏踏实实点一份外卖。

他只愿意跟几个关系要好的朋友聚会。时间久了，他收到的聚会邀请也少了很多，他因此松了口气。

然而这个时候，却总是有人站出来教育他。教育他说，你这样是不礼貌的，人家对你发出邀请，你就不应该拒绝。教育他说，你在外工作，人脉很重要，否则寸步难行。

他解释说：“我是个内向的人，不喜欢这样的场合。”

这时候他们会说：“那可不行，你这样的性格是有问题的。”

你不正常。

04

这些场景里的“他”，有你吗？走在路上，最怕遇到熟人，宁愿躲起来也不想过去打招呼。

遇到问题，一定要自己解决，不到万不得已绝不向人求助。

一天也说不了几句话，很少社交，喜欢安静，享受独处，远离人群。你因此被认为是性格有缺陷的人，因此受到指责，被说成不正常。

你甚至被要求“矫正”，就像矫正左撇子一样。你知道吗，你正在被人伤害。

在很多人的眼里，内向似乎成了原罪。

你天生内向，你就是错的，你因为内向所做的一切行为选择，也都是错的。

我就想知道，这个标准到底是哪个人定的？

关于内向，卡尔·荣格在1921年的《心理类型》中有明确的解释：对于内向的人来说，他们的能量指向内部，更喜欢安静和独处。和外向的人一样，这只是一种天生的心理类型，不是原罪，不是过错。更不必接受指责，不应被强迫改变。

每一个人的性情和性格，都决定了他的优势与短板。外向型的人开放，群居，拥有更开阔的社交广度。他们的朋友更多，更适合与人交流接触，从事演艺类的工作。而内向型的人，安静，敏感，独立，自我，挖掘的是自己的社交深度。他们没有那么多朋友和人脉，但一定有两三个知己至交。

内向的人，常常在艺术创作上拥有更高的天赋。这是我们每一个人在这个世界上，被赋予的不同使命。强迫内向的人变得外向，就是在谋杀他的灵魂。

内向的人之所以被指责，还有另外一个原因：他们的沉默，导致了他们的弱势。

但是内向的人，你要知道，你没有做错任何事。或者说，你唯一做错的，就是自己也在否定自己的性格。

想想你跟别人的不同，想想你最擅长的事情，这件事可能不张扬不疯狂，但这件事给你带来快乐。

就像你内向的性格本身，也曾给你带来过快乐一样。

没有出去聚会，在家自己做饭蛮快乐的。

走在路上一个熟人都没碰到，自由自在，蛮快乐的。

……

别人否定你的事，就是你真正快乐的事。不必为此自责，你没有错。

而那些拼命想要改变内向者的人——你们管好自己就行了。

如果想都不敢想，怎能看到希望

✽ 猪小浅

亲爱的师姐：

我应该没有告诉过你，白露是一年当中我最喜欢的节气。蒹葭苍苍，白露为霜。光是读这样的诗句，便觉得是人间好时节。而你，刚好有个好听的名字，叫白露。

我喜欢你的名字，也喜欢你。

上大学的时候，我们宿舍里的四个姑娘，性格不同，人生理想不同，对男友的标准不同，唯一相同的是，我们打心眼里都很喜欢你。

就在昨天晚上，大家在微信群里讨论毕业后的首次聚会时，都心照不宣地将地点定在北京。老大说，这样还能去见白露姐，让她请我们吃饭。我在看到这句话的时候，大脑有半秒钟的游离。

因为同在北京的我，对你的现状最了解，我不能确定，你愿不愿意出来见大家。

认识你的时候，我是入学不久的大一新生。在我们班的影视作品赏析课上，来当旁听生的你，刚好坐在我身边。你长得可真是好看，说话温温柔柔，有江南女子的甜糯与柔情。

后来我才知道，你是大我两届的师姐，法学系系花。这之后，我在校园里好像到处都能看到你。文学社的征文比赛，你是第一名；学生会的辩论赛，你是最佳辩手；黄昏时分，校园广播里播音员声情并茂朗读的文章，末尾会有一句“供稿人，白露”；而我觉得好奇的是，明明专业课时常拿前三名的你，为什么跑来我们中文系当旁听生?

你笑着解释，因为我的梦想是当编剧呀。这是我第一次听你提起梦想，眼神坚定，笑容柔和，像是在说一个天真烂漫的未来，又像是在讲述一个沉淀已久的往事。

然后，我知道了关于你的更多的故事。

高考失利，你被调剂到法学系。而你少了那么一点好运气，那时我们学校尚且还没有编剧专业，不说换专业，连图书馆里类似的书籍也少之又少。但上大学的这些年，你并没有忘记过自己的梦想。所走的每一步，都在为以后成为一名优秀的编剧做铺垫。

别人忙着谈恋爱的时候，你买了专业书细心钻研；别人看韩剧打发时间的时候，你躲在图书馆给杂志写稿；就连你参加辩论赛，也是为了锻炼自己作为编剧应该具备的逻辑思维能力。

你身上的某种力量，悄悄地打动了我。

那样热情饱满的你，像极了邻家大姐姐。认识你之前，我没有认真规划过自己的未来。认识你之后，我开始试着让每一天都过得有意义。后来你和我们宿舍所有人都混得很熟，你成了我们共同的小偶像，甚至我们的QQ群里也有你。

有人说，偶像的意义在于，偶像身上发光的那部分属性，正是我们想拥有的。那时的你，漂亮，睿智，勤奋，有美好的梦想，清楚地知道自己想要什么，并愿意为之而努力。在我们眼里，是真的会发光啊。

毕业后，你去了上海。我们都说，你适合一线城市。可你的第一份工作，并没有如你所愿进入一家影视公司，而是在一家文化公司做策划。偶尔，你会在群里抱怨魔都拥挤的地铁，吃不起的便当，以及有点迷茫的未来。

我理解其中的艰难。对于我们本专业的学生来说，成功打入编剧圈子都并非易事，何况你仅凭着一腔热情，没人愿意给你尝试的机会。

后来，总算有家小型的影视公司向你伸来橄榄枝。不过要从最底层的助理做起，你对着自己发表过的作品，有点沮丧，也有点泄气。我们在群里给你打气，鼓励你再接再厉。于是，你在黯然神伤了几秒钟后，豪气冲天地说："放心吧，我会在三年后，让你们在电视上看到我的名字。"

那样的豪言壮语，说得我们都跟着热血沸腾。我们相信你，就像相信未来的某一天，我们也能厉害到为自己喜欢的明星量身定制角色。有时候做做梦，总是好的。哪怕是白日梦，哪怕看起来困难重重，可至少心里有一份热乎乎的希望。

有希望，就会有美好的盼头。

只是，不记得从哪天开始，你在群里说话的次数越来越少。有时我们聊得热火朝天，你也不肯出来冒泡。甚至我们专门@你，也很少收到你的回复。再到后来，你的头像就再也没有亮过。而你的签名，一直是那句：梦想是注定孤独的旅行。

我们反复咀嚼这句话，猜测着你现在的生活。

一定是在忙着写剧本，所以才没时间和我们唠嗑吧？偶尔我们会在百度里输入"白露"，寻找关于你的蛛丝马迹。可谁让你的名字就是节气呢，我们查不出你的任何消息。你就像一个传说，在江湖上消失了。但我们那么笃定地相信，你一定在某个地方拥抱大好河山。

心底有梦的人，最差能差到哪里去呢？

我没想到，后来会在北京见到你。

那时我已经大学毕业，带着我的编剧梦想去了北京。我们宿舍里的四个姑娘，就剩我一个人单枪匹马地坚持做编剧。她们各自回了自己的城市，考公务员，进事业单位，或者在公司里做个小文案。我看起来有点孤独，但我想，我还有你啊。而我之所以那么固执地坚持梦想，也是因为我曾经在你的身上看到过光芒。

我开始四处打听你的消息。我们不同系，又隔了两届，找你的过程有点难。直到一次校友会上，我无意中碰到和你同届的师兄，总算从他那要到你的微信号。可我发给你的信息，一直到很晚才收到回复。

你淡淡地说："好，等有空了我约你。"我听出你言语里的推脱之意，心里有点难过。后来，你耐不过我一再邀约，终于来赴约。

我承认，当我得知你现在不过是在一家小公司做文员混日子的时候，心里有种喜欢了多年的偶像突然幻灭的感觉。我也终于明白，你不愿意出来见我的原因。都说混得不好的人，最不想见老同学，更何况我是崇拜过你的小师妹。

我确实有很多失望的小情绪。我几乎像个任性的小孩朝你嚷："师姐，你不应该是这样的。"你苦笑，平静地说："做编剧没那么容易。"可说完这句话，你的眼圈突然红了，你说："也许是后来的我，渐渐忘了自己想要什么吧。"

后来我才知道，你从上海转战北京，并不是为了让事业锦上添花，而是为了一场现在看来有点潦倒的爱情。以前，我们宿舍的姑娘们，一起帮你设想过，到底是怎样的男人，才能和你并肩？

大学四年，作为法学系系花，你有很多的追求者，但你没有男朋友。而在上海花溪路陷入爱情的你，一路追随他，到了北京的公主坟。你沉浸在爱情里，渐渐忘了梦想。后来爱情没了，事业也有点糟糕。

现在看来，也许爱情里该交的学费，迟早要交。交过了，也就长大了。

我看得出，你并不快乐，因为这不是你想要的生活。在街头分别的时候，我忍不住问你："师姐，你还记得自己的梦想吗？"

你轻轻地叹了口气，有些自嘲地反问我："可现在，还来得及吗？"

傍晚的时候，我一个人走在京城昏黄的路灯下，梧桐树上的落叶在空中跳个舞，落在肩头。风，凉凉地吹在脸上，很轻柔。

就在这秋风醉人的夜晚，我的小姨给我打电话，她在那头乐呵呵地说："我的小店就要开张啦，有没有时间回来看看？"

师姐，你知道吗？我的小姨今年已经四十五岁了。她在这个年纪，义无反顾地从沉闷的国企单位辞职，去开了一家甜品店。真是任性得有点可爱，不是吗？

我记得，在我小姨尚且年轻的时候，她想要的理想生活，是在自己家的甜品店里，左手赚钱，右手文艺。很遗憾，一直到多年后的今天，她才实现自己的梦想。可我觉得她又是多么幸运，在这个看起来应该现世安稳的年纪，还能有梦想，并努力去实现了它。

在她身上，我看到，梦想这件事，任何时候都不晚。

师姐，和我的小姨比起来，你仅仅只是在追梦的旅途中，跌了个小跟头而已，你还有大把的未来可以用来折腾。即便不去做编剧也没关系呀，你可以选一个自己现在最想实现的目标，努力去完成它。毕竟做自己喜欢的事情，快乐才能增值。

在我们漫长的一生中，总有一段路，会不小心走错；也总有一段路，比狗还要迷茫。但如果我们脚踏实地地往前走，走过迷雾天，春天也就来了。而这个过程中，不让自己对心里的梦想发愣，便是对梦想最大的坚持吧。就算后来的后来，什么也不能实现，我们也依然要保留自己做梦的权利，依然要对梦想怀有柔软之心。

亲爱的师姐，看到这里的你，会来参加我们的聚会吗？

我记得那个有风吹过的下雨天，你特别霸气地对我说过："如果想都不敢想，还怎么能看到人生的美景？"现在我将这句话，送还给你。也特别希望，在我们的聚会上，可以见到你。

小师妹

像长生不老那样勇敢

✲影桀葬

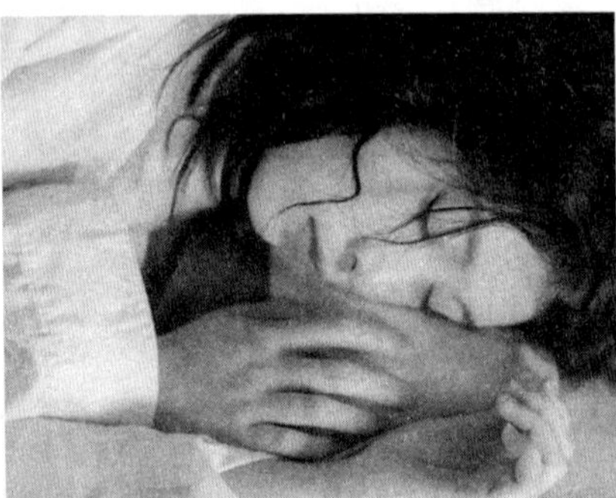

01

苏禾是我在一次聚会上认识的姑娘。那一天，我们共同的好友在KTV过生日，年轻人很快打成一片，围坐在包厢光洁亮丽的大理石桌旁做游戏。

那时我们大多数人还是象牙塔里不谙世事的孩子，每天最大的事情就是吃饭和上课。所以当苏禾说她年长我们几岁且已经在工作时，几乎所有人都只是茫然又捧场地点了点头。

那时我们没有人知道“工作”意味着什么，也并不觉得年长几岁的她有多么成熟。

至于苏禾当时说自己从事的是什么行业，我早已记不清了。后来，我临近毕业，才知道招聘市场的险恶，以及机会并不是说来就来。而我的父母与所有的家长一样，期望我能够找到一份稳定的工作，不奔波不劳累，作息正常，旱涝保收。

我深知自己不是一个能长久安于一隅的人。但作为一个刚出社会的菜鸟，我对内不敢违抗父母，对外又没有破釜沉舟的底气和魄力。那段时间过得有多压抑，根本不必细说。

02

我想起了苏禾，她似乎是我们认识的人中少有的自己单打独斗的。我几乎是迫不及待地给她发去消息，问问她对于就业的想法——那场聚会之后，我们很客气地交换了联系方式，但是很长一段时间从未联络过。

正当我为自己的贸然打扰而感到不安时，她却很快回了消息，语气亲切而友好，打消了我心中的顾虑。

我坦然地向她讲述了我的问题，也表示，正是因为知道她没有走父母既定的常规路线，所以才斗胆向她请教该如何权衡。

原以为她会像其他人一样，直接告诉我最合适的答案应该是哪个选项；或者以过来人的身份，给我列举种种建议。

没想到苏禾看过我的消息之后，只问了我一个问题："你想过长生不老吗？"

"什么？"我大为不解，甚至想不通这二者之间有什么关联。

"你可以仔细想想，万一你能长生不老，你会怎么做？"她问我。

我看着这个问题陷入了沉思，一直没能给出答复。

03

不过，很快我们两个便见面了。还是我们那个共同朋友的邀请，大家一起吃饭，然后在附近的商场里吹着暖风逛街。

苏禾特意与我并肩，我们落后几步，跟在队伍的后边。

"怎么样，你想出答案了吗？"她很期待地问我。

"说实话，并没有什么很成体系的回答。"我有些不好意思。

这似乎在她的意料之中，她点点头示意我："没关系，你可以随便说说看。"

于是我向她讲了我环游世界的想法：我要爬上群山之巅，要去看地球上最美的雪原，还要一次次追逐太阳的升起与落下。既然时间对我已毫无意义，那么所有的事情都可以无限地推延或重复。

"所以我将会做一切我想做的事。"我这么说。

她听完，非常直接地问我："这些你想做的事情里，有你现在准备从事的工作吗？"

"当然没有。"我毫不犹豫地回答，"我说的那些是梦想，但工作只是为了活着。"

"你看，这就是悖论。"她耸耸肩膀，"当生命无穷无尽的时候你尚且迫不及待地做你想做的事情，为什么却要在有限的时光中选择你不喜欢的那些呢？"

"因为生命只有一次。"我早已准备好了这个问题的答案，"如果我真的长生不老，那么一切都可以无限期推迟。我可以在五十岁的时候才读大学，七十岁才开始我的第一份正式工作，所有的事情都可以在任何时间点重新开始。"

"你只是喜欢任何时候都留有退路的安全感罢了。"她毫不客气地指出我的问题。

"其实选择什么样的道路根本不重要，重要的是你敢不敢坚定地做出选择。"她这样说道。

好友在前方等待着我俩，我们加快了步速，她也加快了自己的语速："只有确定失败之后还有'重新来过'的选择，才会去走那些非比寻常的路，这是每个人都会有的懦弱。但其实当我们真正做了自己想做的事，就会明白，能不能重新开始并不重要，因为当你站在终点，你会发现，路只有那么一条。"

苏禾拍拍我的肩膀："你只是缺乏做出选择的勇气罢了。"

于是我立刻虚心请教，如果选项各有利弊，如何确定能够选到最适合自己的那个呢？

"你想知道我当初的做法吗？"她眨眨眼睛。

我迫不及待地点了点头。

"你首先要知道，足够理智的人不管朝哪个方向迂回，都不会有歧路。"她很认真地回答，"所以我的建议是，像长生不老那样勇敢，像只活一次那样奋战。"

04

我听过太多关于拼搏和勇气的话语，它们的逻辑太过相似，未免让人觉得老生常谈。

苏禾的这句话，让我在层层叠叠的顾虑中有了一丝清明。

成长中最大的敌人，是羞耻感

✲ 陶瓷兔子

我人生的第一个“官阶”，是在小学三年级的时候，被班主任随手指派当了英语课代表。

在我小的时候，英语的重要性还远没有现在这样高，所以班主任才用特别随意的态度，用指节敲了敲我的桌子，轻描淡写地跟站在门口的英语老师介绍：“她以后就是你的课代表，收作业发作业你找她就好。”

我被天降的“殊荣”砸得晕头转向，压根儿没意识到班主任之所以选了我，并不是出于信任的缘故，只不过是因为我坐在第一排，而她又恰好站在我桌子旁边。

我们的英语老师是个刚毕业没多久的姑娘，压根儿镇不住叽叽喳喳的小学生。每当她不得不点名批评某人时，总会自己先红了脸，提问没人举手的时候，也会露出掩饰不住的失落。

她也不懂那些“讲公开课之前要先指定好谁来回答问题”的套路，在一次校领导旁听的公开课上，她需要一位同学来朗诵一段课文。

课文并不难，又已经讲过了三四次，可不知道什么缘故，当时就是没有人举手。

我坐在第一排，清楚地看着她的脸从耳朵处一点点红起来，求助似的看向班里成绩最好的几个同学，可他们却不懂察言观色，还是没有一个人举手。

大概人在年幼的时候总是正义感爆棚，再加上那个天降的课代表殊荣驱使，我不顾自己学渣的身份举起了手，英语老师如释重负地冲我笑笑，可下一秒，笑却险些成了哭。

作为当事人，我对自己念得有多难听完全没概念，唯一知道的是班里很多人都笑了起来，英语老师的脸已经红到了脖子根，她用不满的眼神盯着我，好像由于我的存在，更加重了她的窘迫。

而班主任很快在自习的时候找上门来，带着埋怨的语气对我说：“就你念的那样，还英语课代表呢，你对得起这5个字吗？都不知道在家好好先念几遍课文，瞎举什么手。”

是我给班里抹黑了吧，都是我的错。

我很难过地一路哭着回家，父母以为我受了天大的委屈，问明原因后却只是说：

“下次准备好一些就行了。”

他们在心底也觉得我不该草率地举手吧，没人夸奖我的正义感，所有人都在告诉我准备好了再做一件事有多重要。

在微博上看到一句话，特别有同感——“对表达怀有羞耻，是成长最大的敌人。”

可我们的教育却不是这样的，在我们的生活中，“羞耻感”是个分量极重的词。

长得不好看，就只配躲在人群后面，唱跳能力稍微差一点儿，就应该低调地龟缩在舞台的一角，只要在人前露出一点点的不够好，就会被骂得体无完肤。

就连做个普通人，你都得小心翼翼，哪怕就是在自己的微博、朋友圈发张自拍照，也逃不过杠精的评论：“哎，你长得真不好看。”

认识一个写作天赋极好的小朋友，刚写了一篇就有人留言：“这写的什么呀，就这水平还好意思发表？”她就立刻惶恐地注销了账号，跟我说：“我也觉得自己没准备好，我自己先练练，之后再说吧。”

我本该坚持劝她两句，但也实在不知道该说点什么，眼看着她一直停留在“做准备”的阶段，步步艰难，又因为没有任何反馈而进展得更加缓慢，直到彻底不写了。

她说：“反正我也写不好。”

还有一位朋友，是每次在超过10个人的场合说话总会诚惶诚恐的那种人，有次我们聚会人多了点，她就整晚把自己缩在墙角，连头都不大抬。

散场之后我们一起回家，我能明显地感觉到她身上有种坚硬得如同盔甲的东西随着人群的离散一片片剥落，我问她：“你刚才怎么一句话都不说？”

她回我一个苦笑：“人太多了，万一我说错什么，岂不惹人笑话？”

“谁会笑话你呢？”这一句话我没说出口，因为我心知肚明，那个会一直笑话她的人，就是她自己。

我们这样的人，总是像自带着一根磁针，总是能特别轻易地找到同类，我们带着同样的气质行走于人群，一半叫谨慎，一半是瑟缩。

我们已经不需要任何人来给我们施加“羞耻感”了，那早就已经内化成我们内心的声音之一，它反复地在跟我们说：你这样很傻呀，你还没准备好，你会出丑的。

在迎向别人的眼光之前，我们已经把自己审判了千万遍。

也正是因为这样，我特别能理解那些喜欢杨超越喜欢到不行不行的人。

她像是我们的反面，她永远不拘谨，永远不觉得自己傻，永远相信自己能变得更好，仿佛拥有一种浑然天成的钝感。

就连在男篮世界杯抽签仪式上，她嘴瓢把“国际篮联男篮篮球世界杯”说成了“国际篮篮篮篮……”，也毫不羞怯。而我的一个朋友在群里感慨：天哪，我要是她，恨不得找个地缝钻下去，这一天就完了。

可托马斯•哈代早在很久之前就在《苔丝》中给了我们答案：假若她没日没夜地自怜自卑，他们也不过说一句：她可真是自作自受啊。但假若她力求欢快，排遣烦恼，他们也不过是念头一转：嗨，她还真能挺得住啊。

你周围的人如何对待你，是由你决定的。

被批评了就躲起来，别人觉得你活该，你着急反驳，又会显得剑拔弩张，你需要的只是大大方方地出现在人前，该哼歌哼歌，该聊天聊天。

当你忘了自己出过的丑，别人才会跟着你忘。

这世界不是只有完美之人才配有舞台，别让羞耻感毁掉你的成长。

我理想中的松弛感

✲ 林特特

过去几年中，两件事改变了我。

其一，是我奶奶的去世。

我奶奶是 1932 年生人，走于 2021 年冬至日的下午，享年八十九岁，算喜丧。

我奶奶是个泼辣的皖北女人，晚年时的脾气比年轻时和缓些，可依旧不怒自威。她的去世让我意识到，再彪悍、再强壮的人，仍逃不过老弱的一天。

有一天，我的堂妹去看奶奶，带了最受本地人欢迎的桃酥。

桃酥送到时，我奶奶在打盹儿。她坐在轮椅上，倚在窗口，两条腿被一条薄薄的毛毯盖着。桃酥味美，奶奶吃时，任渣子肆意掉在地上。吃完桃酥，奶奶喝了杯当年的霍山黄芽，然后，堂妹推着奶奶在院子里闲逛。花正好，树犹绿，鸟儿轻快地飞翔、鸣叫，那的确是一个阳光明媚的下午。

不久，我奶奶走了。

奶奶走后，我常思考，当一个人活着，但已不再创造社会价值，除了亲人，不会有人刻意想到他的存在、在乎他的存在，他此时的存在究竟有何意义？多活一天和多活十年有什么分别？

想到那个明媚的下午，我便有了这个问题的答案。

香喷喷的桃酥；嫩黄的春茶；看得见风景的窗口，微风、阳光、薄厚适中的毯子；亲人的陪伴、惦念；自然界的万物，鸟、花、树……

一切都是假的，唯有亲身体验到的快乐，是真的。

快乐来自你吃过、用过、享受过的好东西、好环境，来自你喜欢的人、事，以及被人喜欢时产生的心流和愉悦感。其实，我奶奶再多活十年，对于旁人，都是默默无闻的；但如果她能再多活十年，如此快乐的时刻能多次出现，对于她个人，就是值得的。

多活一天和多活十年的区别也在于，后者，你能得到的快乐会更多。

其二，是去年，我因为身体原因在家休息了好几个月。

我一直以“工作狂”自居，我甚至一度认为，和奋斗无关的事儿，我都不应该关心。

生活只有奋斗，没有留白，没有散步、嬉

戏、游玩、闲聊，只有实打实的奋斗……我突然觉得这样很无趣，往昔我以为让我浪费时间的那些事儿，成为我最想出门做的事儿。

我想长跑。

我想去菜市场买菜，货比三家，想为每一颗沾着露珠的新鲜草莓或葡萄喝彩。

我想在夏夜的露台上和朋友小酌，啥也不为，只为抢着说话，说完就忘，微醺回家。

我想花更多时间去旅游，想去海边，任浪花拍打脚面，用一下午挖一片完美的贝壳。

我想对比两块石头的异同。

我想鉴别名目不一的酱油口味是否不一样。

我想学一门手艺。

我想在展览馆的艺术区供随意涂鸦的背景墙上画一抹艳丽。

……

人生不能不奋斗，但不能只有奋斗。要做一个有用的人，但不能只为“有用”。

因为，人都要老，都有不能活动的那一天。当你无法奋斗、不再有用时，你去何处寻找曾以为的活着的意义？

一定要有别的意义。

紧紧张张的人生需要松弛，松弛才是下半生的主调。在松弛中，才能找到别的意义。

前段时间，我和一位同学聊天，聊的是人的复杂性，兼具社会性和动物性。

我们前半生所受的教育、所做的努力，大多放在向上攀爬上。我们一步接着一步，脚不停，像被绑在跑步机上，上学、考试、毕业，结婚、生子，应聘、升职、评职称、跳槽，赚更多的钱、买更大的房、评更高的职称、跳槽去更大的平台……

在这过程中，受气，给人气受，你争我斗；辜负一些人，被一些人辜负，种下心结。

想要无限接近财务自由，却变得越来越不自由。

我们忙着提高，忙着满足社会性，却忽视了动物性。人毕竟是动物，不能摆脱动物的脆弱，回避动物的欲望。身体的快乐和心灵的快乐是绑定的，人，最终都要服从于差点儿被忽视的动物性。

“有的时候，我想，我们真的开心吗？也许人类认为的功成名就、富甲一方带来的快乐，和草原上一头母狮看着几头幼狮玩耍的快乐相比，不值一提。”同学说。

是的，我要把执着于社会性的时间、精力腾挪一部分，“浪费”在动物性的快乐上。

脚步慢一点儿，节奏缓一点儿，状态松弛一点儿，把自己当作一只蚂蚁、一头狮子，在卵石下，在草原上，随心，随性。

那些做不到的、本就拥有很多的，该放弃就放弃。那些生命中值得珍惜和眷恋的，时不时去温习。用点儿心思和巧劲，尽可能轻松地解决问题，让日子清明有序。

拥有主动开始的能力，也能主动结束；会做计划，但不做满，永远留给“计划外”一点儿机会。

我奶奶去世后，我可以出门后，我调整了工作时间和休息时间的占比。

我扔掉了许多东西，搬回了日夜思念的这座城市，我拒绝了力所不逮的合作，用最擅长和更轻松的事来谋生，只与能让我笑的人来往。

我爱上了去菜市场买菜，为每一颗沾着露珠的新鲜草莓和葡萄喝彩。

我爱上了夏夜的露台。

我去海边找到了一片贝壳。

……

知进取，知进退，这是我理想中的松弛感，也是我理解的获得松弛感的最好方式。

世界是无意的

✽曾旻

“我觉得你不喜欢我。”刚坐下，来访者A说出了这句话，气氛顿时有点紧张。

“很遗憾我让你感觉到不被喜欢，我很好奇是什么让你有这样的感觉。”心理咨询师继续追问A的感受。“我也不知道，但是我见你看我的眼神，就觉得你好像在看一堆垃圾。”A低头沉默了几秒钟，小心翼翼地给出了答案。

咨询师并不惊讶，保持着平静自然的语气：“我很抱歉让你感觉这么糟糕。我能问问，你对这种感觉熟悉吗？”

“当然熟悉了，这几年我每天都觉得被人嫌弃。”说起被讨厌的感受，A打开了话匣子，从半年前分手的男朋友，到中学时的班主任、小学时的同桌……最后说到这二十多年来，躲也躲不开的父母。似乎在A的世界里，没有人是喜欢她的。

她的讲述令咨询师震惊，同时，咨询师脑海中冒出了另一个声音：她说的不见得都是真相，就像她刚刚见到我就觉得我不喜欢她一样——这并不是事实。

有时候，人们内心的“主观事实”和客观发生的“外部事实”并不一致。因为“主观事实”并不总是取决于当下正在发生的事情，还常常受到过去发生的事情的影响。所谓“一朝被蛇咬，十年怕井绳”，一次感受强烈的被嫌弃的经历，带来的可能是对周围所有人的警惕。

于是，生活中被讨厌、被嫌弃的经历都被精确地捕捉到了，而那些不被嫌弃、不被拒绝的时刻却被一一忽略。

心理学家彼得·福纳吉提出了一个重要概念，叫作“心智化”。所谓心智化，是指人们理解自己和他人的内心世界的方法。换句话说，心智化其实是为心理过程建立一个模型：人类的心理过程是看不见的，我们看到的只是他人的行为，但可以据此去推断对方的动机、情绪、需求和渴望等心理。

如何通过外在行为推断他人的内心呢？每个人都有自己的一套模型。当一个人的心智化水平偏低的时候，往往说明他的这套模型总是曲解别人的意图。就像A刚刚走进咨询室，就断定我不喜欢她。

我们如何理解他人，并通过他人去理解自己，这是心智化能力的核心。

这种能力受到削弱，就无法改变了吗？并非如此，正如彼得·福纳吉所说：“当你感到孤独时，逆境会变成创伤。但如果你有良好的人际关系，他们实际上会帮助你消化吸收这种经历。”所以，真正的疗愈其实在关系中。一段良好的人际关系可以帮助一个人提升心智化能力。

有些陷入痛苦的人常常抱怨：“世界对我充满恶意！”可实际上，世界是无意的。

高 质 量 友 谊

彼此借光同行，你我皆是星辰

“请保留这场友谊的票根。”
“收妥我们并非陌生人的证据。”

——林婉瑜

所有的离开，都教会了我更加珍惜

✿ 刘文

01

有一天在学校附近的酒馆喝点小酒，突然朋友问我坐在不远处角落的是不是当年我们班的P。

我看了半天都不知道他指的是谁，直到看到P放在旁边椅子上面的红毛衣。前年冬天我们在他家的壁炉边上看美剧，我喝了太多蛋奶酒，看着看着就睡着了，醒来身上就盖着这件红毛衣。

其实也就过去一年半而已。

而现在，他的头发颜色、发型统统换过，身材看起来也壮了一圈，唯一没变的，竟然是红毛衣这种“身外之物”。

P是我到美国后认识的第一个好朋友，第一天上课的时候，我谁都不认识，英文口语也不好，之前早就在各种迎新活动中认识的同学已经三三两两围坐在一起，一边喝着咖啡一边聊着生活中的各种趣事，我找了一个最角落的位置坐下。我试图加入别人的谈话，但对于橄榄球、星球大战电影这种话题完全插不上嘴。我刻意把自己隐藏在书包和教材后面，生怕谁发现了我把我拉进他们的谈话。

P在教授已经讲了两页PPT之后才风风火火地冲进来，他湿漉漉的鬈发朝四面八方翘着。他看了我一眼，一边问能不能坐在我边上，一边已经拉开椅子，噼里啪啦地把书包里的东西摊了满桌。

P本科是电影系的，不知道为什么来读科技创新与创业，但他格格不入的程度就像我一样。我们第一节课讨论Incubator，也就是创新企业的孵化器，但他硬生生按照字面意思理解成了孵蛋器。

同学大部分都工作了几年，也都有自己的事业要忙，自然没有人愿意为他普及基础的会计和金融知识，而我因为英文不够好，第一次课堂演讲的时候磕磕巴巴的，从教授到同学都没人知道我在说什么，当然也没人愿意和我一组，所以我和P差不多每门课都一起写作业，一起做小组讨论，一起写企划案，建立起了深厚的革命友情。

初到美国的半年，是他天天问我想去哪里玩，去哪里吃饭，然后开着他那辆老旧的红色小车载着我去洛杉矶的各个角落。

也是他着急着想把我介绍给他的父母，他的朋友。他的母亲每次来看他，都会顺便也给我准备一份亲手做的曲奇饼干，每次他参加乐队演出，我也总是和他的父母一起，坐在看台上大声地喊着他的名字。

P是从来没受过什么挫折的优等生，偶尔一次论文拿不到A就会让他沮丧地捶墙，我们一起写小组论文之后，他也常常会因为一个无法达成一致的观点而冲我大吼大叫，但很快，他就会像小狗一样跑过来，很不好意思地小声问能不能原谅他。

在岁月中兜兜转转却从未消失的那些人。

我在心里早就原谅他了，但是却故意板着脸，看着他跑前跑后，先是给我买来我喜欢的咖啡，又是讨好地替我揉着肩膀，一会儿又不知道从哪里变出几颗薄荷糖。

我照顾他就像照顾我从来没有过的弟弟，但我也同样需要他，需要通过他的存在在人生地不熟的洛杉矶找到一丝温暖的感觉。需要有人会在深夜接我的电话，有人会在我迷路的时候开车穿过半个城市来接我，会在感恩节圣诞节新年统统把我接到他家去一起度过。

P说想要自己拍一部电影的时候，我当然举双手双脚赞成。我花大把大把的时间和他一起把他想要表达的故事写成剧本，一起用一切可能的时间打零工，一起在网上众筹，一起不知廉耻地找朋友和父母借钱，一起去挨个敲教授办公室的门求他们帮忙。

直到有一天，终于筹到了足够的钱，我们喜滋滋地开车去比弗利的商场准备庆祝，但到了有着蓝白相间的墙壁的希腊风格的高级餐厅，我们在门口看了一下餐牌，决定还是去星巴克买一份三明治好了。为了享受一下喜悦的心情，我们又咬咬牙，在有名的甜品店，买了一个杯子蛋糕，你一口我一口地分掉了，两个人的嘴上都沾满了糖霜和奶油。

接下来的日子，是在上课和论文之余，不断地试镜和寻找拍摄场地。我在洛杉矶周边的小镇找到了完全符合我们想象的音乐厅，租用费用比我们的预算更低，我毫不犹豫地付了订金。

但当我跑去P的家里准备给他一个惊喜的时候，他却面有难色地看着我。

原来他一直在不断投简历想要找到一份稳定的工作，原来拍自己的电影对他来说并没有我以为的那么重要，原来他这几天已经找到了在好莱坞著名剧组里面做助理的工作。

“你看，我什么时候都可以拍自己的电影，但是能够进这么有名的剧组工作的机会就只有这一次。说白了，我说不定可以红起来，红了之后，拍电影都不用众筹了。”他特别真挚地看着我，“你知道这个机会对我来说意味着什么吗？”

“我以为我们现在做的事情，”我在我和他之间比画了一下，“你说过，是你的梦想。是你愿意为之努力一辈子的事情。”

“是啊，是我的梦想之一嘛。或者说，我的梦想就是拍电影，只是现在有了更方便的途径去实现它。”他憨厚地笑着，试图来握住我的手。

“那我呢？你有了更好的途径去实现，而我就应该什么都得不到，浪费时间和金钱吗？”我狠狠地甩开了他的手。

“你看，我知道你一直很厉害，你也可以很成功的。”他呵呵地笑着，但眼睛却不敢看我。

我当然也像他一样在网上投了很多简历，因为英语口语的进步，再加上成绩不错，所以在班里的人缘也好了起来。我不再每节课都坐到P的身边，但好在，其他的同学也都愿意和我坐在一起，成为课堂作业的搭档。

只是和他们聊天的时候，我学会了刻意保持人际交往的距离感，除了天气和橄榄球比赛，也不再愿意投入过多的感情进入他们的生活。

P试探性地挽回了一下我们之间的关系，在学期最后一节课下课之后，他照例像小狗一样跑过来。就像之前无数次他因为作业写不完冲我发脾气的时候那样。

但这一次，他摇着我的肩膀，再也说不出“对不起”三个字。

而我也没有办法大度到立刻说“没关系”。

这并不是我第一次遇到被以为可以托付真心的朋友背叛，虽然损失了很多时间和精力，以及一些订金，但也没有到要破产的地步。却因为身处异国他乡，所以着实受了一番打击，也在凌晨时分对着洛杉矶的黢黑的夜色结结实实哭了几回。

哭完之后，在心里想，过一阵子，等P多道歉几回，就原谅他好了。虽然没办法一起拍电影，但能够一起深夜去吃烤肉，夏天在沙滩上分享一碗浇满炼乳和果酱的芒果刨冰也挺好的。我在洛杉矶的朋友一只手都能数得过来，讨厌没有维持很久，我还是怀念去年最冷的那几天，和他一起在壁炉边看肥皂剧的生活。

但P显然沉浸在新工作带来的巨大成就感中，他的脸书账号每天都在更新关于新工作和新朋友的照片，很快就把我们在一起的时候拍的照片淹没在了历史中。他在新朋友的照片下面留言说是“最好的朋友”，而他曾经无数次在我的脸书上留下这句话。他很快也跟我取消了关注，而我也建立了新的分组，不再让他看到我最新的动态。

我们最后一次交流，是我给他留言祝他生日快乐，信息显示已读，却并没有收到回复。

所以即使这次面对面遇到了，我也只是把自己往柱子后面缩了缩，而他则很快挪到更远的角落处去坐了。

这么看来，我们也算残留了一些默契。

02

我的朋友艾米怪我太较真，要是给他点台阶下，将来无聊的时候还能约着一起吃顿饭看场电影。

但是从什么时候开始，我们对于人际交往的期待，就仅仅限于无聊时候的解闷途径了。

“我要是真的那么寂寞，那我不如养只猫吧。”我对艾米说。

“不行，你得养一只狗，养猫只会让你更寂寞。”艾米笑着，替我抚平了裙子下摆上的褶皱。

我和艾米坐在沙发上，吃着熟透了的桑葚，一边狼狈地吮吸着手指上的深红色汁水，一边想着最近几年来离开的人。

好像自从我和她过了二十五岁，就很难再交到非常稳定的、不离不弃的朋友。

成年人之间的交往都成熟、冷静、克制，鲜少有冲突和争执。但同时，大家都在精确计算着，希望用最小的付出得到最大的回报。

我自认年轻的时候是非常拧巴又任性的人，完全处理不好人际关系，仗着自己还算聪明，觉得全世界都应该臣服在我的脚下。

当然得罪了很多人，当面被甩脸色的次数很多，背后被议论被说的闲话也不少，有的时候不得不拜托艾米一条条帮我删除社交网络上的恶评。

但那时候交到了很多像我一样拧巴的人，不知道为什么就有种奇怪的吸引力，在第一眼就认定了是彼此的同类。

大家各自的生活也说不上多完美。很多时候，我们因为很小的事情争得不可开交，见面的时候也是抢着说话，心情不好的时候就挂对方的电话然后玩消失。

但当真正需要对方的时候，我们总是无论多晚，一个电话就能聚在彼此周围，艾米的家里永远都有香槟和红酒，我们买了巧克力、芝士和草莓去她家，艾米唱歌，我弹琴，我们喝醉了在客厅里跳舞，然后横七竖八地在沙发上睡过去。她们注册了微博账号替我点赞，参加过我的颁奖典礼，也捧着鸡汤到医院来探望过我。

可过了二十五岁之后，突然发现所有的真心都比不上实用。

有在健身房遇到过的女生，每天都热心地指导我怎么打拳，我找不到储物柜放衣服的时候又把自己的让给我，但原来也只是为了向我推销她卖的保险。

有在网上认识的朋友，已经通过微信聊了两周，见面吃了几顿饭也很愉快，他的梗我都能接到，而我正写的小说他也总是想要看。然后前一天还说着将来可以做室友，第二天就突然断了联系。

其中有个叫克里斯的，一起去滑过雪，一起去过公路旅行。我天真地以为我们会成为好朋友。

但是他消失得特别无声无息，好像乌云一样慢慢飘过，只留下一片阴影。

于是我忍不住打电话过去，气急败坏地问他到底是什么意思。

"我觉得我们之间的关系已经稳定了，所以我想要多付出一些时间给其他朋友。"他很诧异地回答我，好像我是怪物，"我不明白你为什么这么生气。"

"我上次见面的时候已经说了下周会一起去圣地亚哥的海洋公园，所以我希望把这周的时间用在认识更多的人上面。"克里斯在电话里面说。

我苦笑着挂了电话。

我当然没有和克里斯一起去圣地亚哥，而他也在两周之后打来电话，像没事人一样问我要不要去吃一家新开的居酒屋。

"我一看到这家店开业的消息就想到你了。"

"说实话，还是和你一起吃饭比较愉快。我们第一次见面，先喝了茶，又去吃拉面，最后又去吃刨冰，从下午四点一直聊到晚上十二点甜品店打烊。"

彼时我正待在艾米的新家里，她租到了出奇便宜的一座小房子，楼下是她唱歌练琴的音乐室，楼上是一间硕大的卧室，除了双人床，还有一张沙发床，是专门给我留的。

"所有不告而别的人，都不值得你对他们好。"艾米安慰性地拍拍我的头。

03

太多的人离开了，我很怀念他们，并且讨厌自己的无能为力和软弱。

如果可以允许的话，我想要回到十年前，大家都还愿意出门打篮球和爬山，需要去饭馆里面吃一碗拉面和在商场里面逛一整个下午，而不是只是在电脑后面动动手指。人和人的相遇需要偌大的缘分，而且需要更多的缘分去维持一段关系。即使一个月都遇不到十个新朋友，但一旦确定了友情，就可以持续很久很久。

好在所有的离开和告别，都教会了我更加珍惜，在岁月中兜兜转转却从未消失的那些人。而且也因为如此，即使再一无所有，也不会害怕了。

我是一个朋友很少的人

✿ 文长长

1

我是一个朋友很少的人。

读小学的时候，我爸就是学校的老师，每天带我上学放学，甚至中午吃饭的时候，我还可以和他一起吃。我没有大块的时间去跟同学玩儿。

小学六年，我没有和同学结伴一起放学回家的经历，也没有和同学下课十分钟在走廊打闹嬉戏的经历，虽然有可以拉着手一起去上厕所的女同学，但我内心总觉得跟她们不是很亲近。比如班上有什么活动，需要提前占位置，她们会帮与自己玩得好的人占位置，但不会帮我占，大多数的情况是，我走到她们旁边准备坐下，她们会说“这里是某某某的位置，我们帮她占的”。

每当这个时候，我就感觉自己像个外人，我也很早就明白：有时，你可以和某一个人手拉手一起上厕所，可以一起说悄悄话，可以看起来很亲密，但你们不一定是朋友。

可能这种经历太让人难以忘怀了，所以有很长一段时间，我理解的友谊就是：她遇到好玩儿的事会想着我，会帮我占位置，会帮我留好吃的。

这是我十一岁的友谊观。

2

等到我上初中的时候，因为性格比较内向，加上当时长得有点胖，所以挺自卑的。

对于一个青春期的女孩来说，就算她认真学习，为人善良，性格很好，但只要她长得不好看，那么不管她做什么都是透明人，会收到一些同学的恶意。

那会儿我们班上长得最好看的几个女生，都有班里的男生保护，甚至跟她们说话都要更客气一点，生怕哪句话说错了让她们受委屈。

而像我这样长得胖，性格内向，关键还很自卑的女孩，就不配在班上大口呼气。十二三岁的小男孩小女孩，不懂得照顾别人的情绪，会公开笑我长得胖，一副看到我就觉得“哇，你怎么这么肥”的表情，甚至还会说“你笑起来好丑”。这些话曾深深地扎在我心里。关键那会儿我自卑，被人说自己不好，还没勇气站出来反驳，甚至还会在心里想，是不是我真的很丑很胖。

现在再回头看读初中时的照片，我并不觉得十二三岁的自己多么胖多么丑，只是当时剪着学生头，穿着中规中矩的衣服

我的朋友不多，我觉得人这一辈子也不一定需要很多朋友，只要有那么几个能交心的就够了。

裤子，看起来呆呆的傻傻的，没那么时尚，在那群小孩眼中，这样就是土，就是丑。

青春期的小孩特别怕跟“土气”的小孩做朋友，好像跟他们成为朋友，自己也变得很土很傻了。可能长大后我们才会明白，跟穿得土的人做朋友不可怕，很多厉害的人都没长一张惊天动地的脸。可怕的是，你一直没长大，一直像十二三岁那样，只以跟那些空有一副好皮囊、爱打架、爱旷课、爱拉帮结派的小混混做朋友为酷。

所以，毫无悬念地，初中三年，我并没有收获很多友情，甚至还度过了很长一段时间的自卑时光，害怕跟别人的眼睛对视，怕他们看到我的脸，说我长得丑，怕站在引人注目的地方，怕他们说我胖。

初中三年，我只有一个好朋友，她是一个很善良的女孩，不会觉得我不好，甚至在我每次自卑的时候，她还会跟我说：“你怎么会这么想呢，你哪里不好，我就觉得你很好。”遇到不会的题目，她会教我做，遇到好玩的事，她会跟我分享，甚至听到别人说我的坏话，她还会站出来，替我跟别人理论，指责别人为什么要这么说我。

到现在，我们已经做了十几年的朋友了，就算平时忙，联系得没那么多，但隔再久，只要跟对方打电话，就又是无话不说的状态，心依旧很近。

每次跟她相处，我就很有安全感，因为我知道我们都是直接掏着心窝给对方看，是这个世上除父母以外，真正为对方好的人。

所以，对十五岁的我而言，真正的朋友在外人面前，会护你帮你；在私底下，又会真正地对你好，为你考虑，帮助你，鼓励你。

我也很庆幸，虽然那三年，我收到了很多来自同龄人的恶意，但好在我拥有了一个陪我十几年的真朋友。

3

等到高中的时候，我好像一下子就开窍了，或者说突然习惯了。不会像初中那样，因为没有朋友而难过，反倒更加清楚地知道，没关系，现在最重要的是学习，等努力考上心仪的大学，总会遇到很多志同道合的人。

那几年没有过多为友谊难过，也跟人相处得很淡。偶尔遇到活动，那我就来早点，座位自己占，想要的东西自己争取，也并不需要谁帮我留着。

即便高考那年，遇到了两个很为难我

的女生，仔细想想我们从不是朋友，不存在朋友之间的伤害或背叛，非要定性的话，也只能说遇到了两个很讨厌的人。但我发现，生活很公平的一点是，每次它想为难我一下，给我设置一个大障碍，又总会心疼我会不会过不去，会再给我派一个很好的人来帮忙。往往碰到几个很讨厌的人，在那后面不久，我就能遇到一个很好的朋友。比如，在遇到那两个总为难我的女同学不久后，我遇到了这辈子很重要的一个好朋友。

前不久，因为一些事跟家里人吵了架，当时心情不太好，很沮丧，我那个朋友得知后跟我说，你来我这儿待一段时间散散心吧。

收拾几件衣服，提上电脑，我就去朋友那了。说实话，从小到大，我从没在任何外人家里待超过三天的，因为怕麻烦别人，所以，我没想到自己会很放松地在朋友那里待了十五天。我也坚信，如果你在一个地方待着很放松，不是那个地方很好，而是那个地方的主人很爱你，愿意包容你，才会让你感到很自在。

从朋友那里回来，我很感动地想，原来我也有着让人羡慕的友谊了，在我最需要陪伴的时候，她能给我托底，鼓励我重新振作，陪我度过最难熬的那段时光。

对于现在的我来说，我所理解的朋友是，在你需要的时候，能义无反顾地帮助你，甚至短暂地为你托底的人。

4

我二十岁出第一本书的时候，跟当时的编辑聊天，谈到友情的话题，我说了一句话：我的朋友不多，我觉得人这一辈子也不一定需要很多朋友，只要有那么几个能交心的就够了。

从一个二十岁、人生正活得热闹的女孩口中听到这个观点，我的编辑很震惊，后来他还特地跟我说过这件事，他说觉得我很成熟。但这真的是我的友谊观。

我对朋友定义的标准比较苛刻，所以我身边更多的是熟人，真正的朋友很少。我对熟人向来很淡漠，我尊重你，你尊重我，能做到这一点就够了，我们就可以很好地相处了，我也不会过多地对别人期待什么。至于朋友，只要我认定你是我的朋友，我便会掏心掏肺地对你好。

我交朋友最重要的一条标准是真诚。在人间谋生挺累的，应付领导和一些客套的关系已足够累了，所以在与朋友相处时，真诚最重要，不必说一些客套的话，大家坦诚相待。真朋友之间也不需要取悦谁，就带着一颗诚心相处,平等而独立,舒服而真心。

有人会问：大家都说，出门靠朋友，你这一口一个冷淡的熟人，你怎么混社会?

恕我直言，你可能对社会有什么误解。就算真的出门靠朋友，靠的也不是你那个满口江湖义气，拉上谁都能称兄道弟的“朋友”。再说了，交朋友是建立在彼此对等的基础上的，你不优秀，认识谁都没用，最可怕的是，你把别人当朋友，别人只把你当个陌生人。

至于怎么混社会，我是这样觉得，朋友是挺重要的，但要真正在社会上立足，靠的还是你的能力，靠的是你的努力，是你的耐抗耐摔力。在你真正有实力的基础上，带着真诚谦逊跟人交流，没有人会讨厌你，或者故意断你前路。

所以，不要浪费太多的时间为“人际关系”黯然神伤，你这一辈子，根本不需要那么多朋友。想明白这一点，人生会轻松很多。

过期的朋友和书

✲沈嘉柯

在十岁左右的时候，他家里很穷。在所有邻居家的孩子里，我和他玩得最好。因为我们都挺喜欢看闲书，常常在一起共享资源。

他的书没有我多，他想读却读不到，因为他的零花钱买得起的书，太少。他家舍不得买。

于是他找我借。

我父亲书柜里的书，堆得满满的，对我是敞开的。他摸进我父亲的书房，两眼放光。

我开始担心：你别弄坏了，小心别弄脏了，我爸会骂死我的。其实我爸并不介意。

这么来回了三两次，他借书的成功率极其低，因为我总是犹豫后拒绝了。最后一次，回家的路上他气呼呼的。我终于还是没借给他那一套“三言二拍”。他再也没跟我说话，一直到搬家。

许多年过去了，我们在异乡的城市再见面。往日的小孩子都长大了，怨恨都淡忘了，彼此亲切地打招呼。

提起往事，他却无比惆怅。他慢慢地说：“那时我想，也不要紧，等我长大了，或者工作了，我会把这些书一本一本买回来，慢慢地，尽情地阅读欣赏！这么想着，我渐渐忘记了伤心和不愉快，甚至赌气似的想，我以后一定要有比你多百倍千倍的书，我要在自己的家里，修建一个大书房，买很多很多的书放在架子上。然后每天睡觉在书堆里，吃饭也在书堆里。”

我笑了：“这个愿望很美好啊！你现在应该实现了吧！小时候真是不好意思呀！”我带着一点补偿性质的心态，说：“现在可就简单了，我的书很多，而且现在绝对不小气。你要看书，要借多少我都借给你，我现在一大堆的书都可以送你看。”

他笑了，摇着头说谢谢：“我现在没什么兴趣了。”

我吃惊：“为什么？”

他带着惋惜说：“其实，现在随时有机会读到这些书。网络书店打折活动那么多，也买过几本。虽然花花绿绿的包装漂亮，印刷精美，还打着动人的口号、吸引人的广告，但我连翻一翻的兴致都没有了。偶尔也勉强拿上一本，但翻着翻着，就读不下去了，犯困，干脆当废纸卖了。”

说着，他陷入了回忆：“如果在十多年前，我一定会是一个又幸福又快乐的小小读书郎！”

如今，他只是遗憾，并没有对我如何抱怨，我却很难过。

小时候不懂，就这样掩埋了一个小伙伴的美梦。

有些事情，有些朋友，一旦过去了时间与空间，你即使还能够帮助他，他即使还愿意被你帮助，却已经变味了。就好像他那颗仍然想读书，却再也读不进去的心。

书不会等人，人也无法等书。

看书这件事，时过境迁，也会过期，失去意义。

这世上真的有“念念不忘”吗

✽ 周宏翔

十九岁的时候，我第一次去上海，住在一个非常要好的朋友家里，那时候对上海有向往，但作为本地人的他，其实一直希望有一天能够离开那里。他和我说上海物价太高，房子太贵，而且人与人之间总显得冷漠，但是他们一家都非常热情地接待了我，让我非常感动。当时我们是一个学院的同学，在不同的系里，宿舍住上下楼，所以走得很近。

这样的人，不管怎样都应该是被称为朋友的吧，至少当时的我是这么认为的。

出于礼尚往来，有一年的假期，我邀请他到重庆游玩，住在我的家里。他对重庆的印象很好，觉得这样的南方城市适合居住，物价和房价都让人安心。临走的时候，他非常感性地给了我一个大大的拥抱，然后说，如果可以，他特别想来重庆生活。

但基本上，我们都想不到，那是我们最后一次交心的来往。

那个暑假之后，我几乎和他失去了联系，这种莫名而来的失落，我相信很多人都经历过。开学之后，我突然发现他不怎么和我说话，在楼道里碰见的机会也越来越少，那时候还用QQ发信息，但他几乎都不在线，但通过空间的状态可以知道，他大概是在隐身。

男生之间的友谊没有那么纠结，即使你觉得对方对你冷漠了，也不过是自顾自难过一段时间，进而就投入新的生活之中。但对于我而言，这种不明原因的断交，其实一直让我耿耿于怀了好多年。

毕业之后，阴错阳差地去了上海工作，当时不知道是哪个朋友拉了一个群，建群的初衷是在上海的校友彼此能有个照应，恰巧，他也在那个群里，可是，我们一句话也没有说过。

人和人之间是怎么走丢的，其实和熙来攘往的人流没有关系，或许就是结伴而行的人突然不想走了，蹲在地上，一下就被人群淹没了，你回头去找他的时候，他也没有想让你找到他的意思。

前不久，我的一个朋友分手了，和对象交往了七年之久，七年的末尾，他们给了彼此一个松口气的机会。那之后，我的朋友有很长一段时间做梦梦见自己的对象，他们相处的点滴和只有他们彼此了解的细枝末节，醒来之后，他经常哭。

有一天我们喝酒，他上了头，和我说起的第一句话就是：听说当你时常梦见一个人，就是这个人开始遗忘你的时候。

我想起我有段时间，也常常梦见大学时期那个上海的朋友，梦里我们相安无事地存在于同一个空间，但彼此没有语言。

我不知道这样的梦，是不是对方选择遗忘的开始，把属于你们的记忆，在梦里一点点消耗掉，直到再也不会梦见对方为止。

他肯定知道你一个人也能走出风雪才决定放手的，而事实上，你最终也真的走出了风雪。

十来岁的时候，我读过最感动的小说，是张悦然的《樱桃之远》，一个女生只要感到心痛，另一个女生就会哭，两个毫无血缘关系的女孩，却靠着相同的知觉生活在同一个世界。那本书后来被我弄丢了，再后来又出了很多新版，我却一次也没有再买过，每次在书店不经意拿起来翻阅的时候，总觉得当初我把那本书弄丢了的时候，把感动也一起丢了。

在大城市里生活，遗忘变成成本非常低的一件事，你不用再过分牵挂一个走失的人，总是能快速投入新的生活，拥有新的朋友，有新的圈子，聊新的话题。对于伤心的人来说，这是好事，但对于在乎感情的人来说，又好像变成一种遗憾。

那些你在意过的都化为云烟，像是从来没有来过一样，最后都放在了梦这个容器里，被一点点消耗，直至失去。

初中的许多个下午，同班的一个女生都会给我听她新买的磁带，初中毕业的时候，她抱着我哭了好久，说，一定不要忘了她。后来，她在高中交了男朋友，然后消失在了我的世界里。

几年后，有一次我在大巴车上遇到她，她看着我，非常腼腆地笑了，坐在我的旁边一排，没有说话，只是低着头看手机。我能感受到她的煎熬，似乎希望车能快一点到站，然后和我说一声再见，但是那一天的车却开得异常慢，又堵了一会儿，我闭上眼睛假装睡着了，她才放下手机，看向窗外。有那么一刻，你都无法想象她和过去那个开开心心让你听专辑的女生是同一个人，好像是抽掉了灵魂的壳，换到了另一个灵魂上一样。

所以，真正存在所谓的“念念不忘”吗？我不知道。

多年后，村上春树用一本《没有色彩的多崎作和他的巡礼之年》为我一直以来的困惑做出了解答。关于那个在你毫无防备之下走散的重要的那个人，或许从一开始就不该纠结对方离开的原因，而是应该秉着“在一起是幸福，但没有自己，也希望对方更幸福”的想法。

这些年慢慢就懂了，不留一句话的离开，大概是不想解释太多，任何一句告别的话，都会让不愿放弃的人锲而不舍地盘问。既然选择了放弃，那来回周转反而浪费时间。

成年人选择放弃，就是在悄无声息中渐行渐远，好像突然来了一场大雪，和你一起走了那么远的路的人，突然停在雪中，等你回头，已经看不见了，而雪又覆盖了他离去的脚印。

不过没关系，他肯定知道你一个人也能走出风雪才决定放手的，而事实上，你最终也真的走出了风雪。

在自己想要的姿态里

✲苏辛

1

高考分数下来时，我查完自己的，又查了一个男生的。是我暗恋的小L。

小L跟我的分数差不多，并不理想，我们俩谁也考不上自己想去的大学。

当年手机还没普及，网络也还稀罕，我家都还没有电脑。

想安慰一下他，却觉得，大张旗鼓地打电话到他家，由他家人再叫他过来，自己再说几句于事无补的、冠冕堂皇的安慰，似乎很不妥当——这更像是一种对自己“善解人意”的标榜，而不是真正地感受他的感受，为他觉得遗憾。

于是，一直过了很久，我也没有联络他。

直到有一天，好友约我去网吧玩。刚学会上网的女生也并不会打游戏之类的，浏览了一会儿网页，我想起自己知道他的邮箱，便给他发了一封信。

信很短，只有两段。简单问候并祝福了他，之后附上了一首短诗，是台湾诗人夐虹《记得》的第二节：关切是问/而有时/关切是不问/倘或一无消息/如沉船后静静的海面，其实也是/静静的记得

因为即时通信的不发达，直到下次我又有时间去网吧，才看见他给我的回信。

他说，因为考试失利，在家里很是郁闷，每逢别人问起，都觉得十分羞窘。而我采用的这种方式，让他好受多了。

不得不说，他的回复，让我也好受多了。

2

三年前，我亲爱的朋友小D，在年头和年尾，分别送走了自己的父亲和母亲。

每次遇到这样的事，都不知道自己可以说什么，可以做什么。

得知伯父罹患癌症的时候，我俩分别在两个城市。但即使在一个城市里，我能提供的帮助也很有限。

我只能看着她奔波在医院里，听她偶尔向我倾诉。用心听进她说的每一个字，给出我真实的回应。

病情反复了一段时间，伯父终究还是离去了。

之后不久，伯母也再次中风，导致偏瘫。小D昼夜照顾着她，多次崩溃大哭。最终，在年关将至时，伯母也离去了。

那段时间，小D完全消失了。因为担心，我隔一段时间就打一次她的电话，但她几乎不接。

她只是偶尔更新一条微博，所有微博的内容都是对父亲母亲的怀念，对自己不能更多地去爱他们的懊悔。

每次看见她更新，我都马上跟上一条评论，但她也很少回复我。

但是，看见她还在更新，我就放心了，

我带着崭新的微笑，再次站在你面前，对你说，嗨。

知道她在恢复，虽然恢复得很缓慢。我坚信小D会渡过难关。因为她是这样的一个女生。

我们宿舍每个人都分有一个衣柜，衣柜的锁是自己买的独立的明锁。有一天，总是丢三落四的我把自己的钥匙锁在了衣柜里。没有备用钥匙，只好看着铁锁空着急。这时候，小D找出来一个小锤子，对着锁开始敲起来。整整一个小时过去，她硬生生把铁锁敲掉了一个角，打开了锁环！

这样坚韧的小D，不会被任何事打败。

很久很久之后，小D第一次给我打了电话。她说，跟父母的相处，尤其是跟母亲最后一段朝夕相处的时光，让她终于深刻地了解了爱。

不可能没有遗憾，任何人在死别之际都会有说不完的遗憾。但，爱第一次向她透彻展示了它的深邃复杂和无边无际。如果说遗憾，最大的遗憾是，在懂得了爱之后，没有更多的时间去好好爱。

最后她说，谢谢你的那些电话和评论，虽然我没回复，但是我都看见了。

亲爱的朋友，只要你看见了，知道我在，就够了。

在你痛得无法被人触碰的时候，我也舍不得触碰你，只是想让你知道，我一直都在。

3

其实，用这种静默的方式对待他人的我，也期待着被别人这样对待。

这个世界随时都在变化之中，而人心敏感细腻，犹如蛋糕上的奶油，轻轻一碰就会起皱，就会弄花。总会有那么一天，整个蛋糕都花掉了，整个人也一下子陷入灰色情绪中，觉得自己一无是处，无力应对这个世界。生活中没有任何欢愉，活到现在遇见的全是挫折……在这种时刻，只想一个人待着，一句话也不说。

如果有朋友这时候出于善意不停地追问原因，甚至想方设法地讲笑话给我，从内心深处，我能感受到他的好意，但从感受上，却只能说，敬谢不敏。

不要问我，不要试图拥抱我。

就让我待在我的灰色地带吧。在这里，我会再次逼视自己的生活，审视自己经历过的挫败、痛苦，用我现在具备的视角和理解力，拿起手术刀，解剖过去的种种病灶，看着它们再度流血、溃烂，之后再度愈合。

在这种纯粹的、只属于自我的灰色空间里，我又一次跟自己狭路相逢，当面对质。而这种分解，只能独自完成，无法假手任何人，再亲密的人都不成。

所以，就让我待在这种情绪里，直到——

我带着崭新的微笑，再次站在你面前，对你说，嗨。

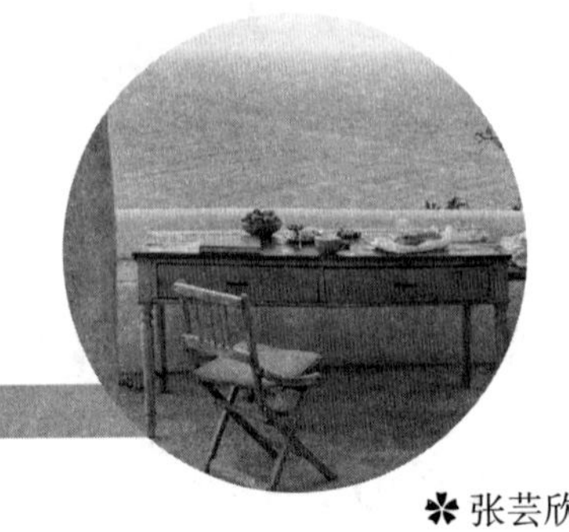

我们 永不永不说再见

张芸欣

我十八岁之前，一直生活在福建沿海的一座叫邵武的小县城里，巴掌大，骑自行车半天就能逛完整个市区。

我是地质部的小孩，住的是家属大院，就是那种全福建范围“连锁”的单位之一。

我家住在家属大院的最后一栋楼，隔着一面墙是市铁路员工的宿舍楼。每天起床我站在厨房刷牙，透过窗户可以看到墙后面一户一户人家的生活状态，他们有的人在煮饭，有的人在打毛衣，还有孩子嬉笑着满大街地跑。

在我们家属大院，一模一样的场景每天都在上演，我妈每天上班前就拿着饭盒去食堂热饭，然后走五分钟去上班，中午下了班去食堂拿饭打菜，后来有了煤气才开始在家煮饭，晚上洗脸泡脚看电视剧。

小城市的人们就这样，安静祥和，生活平淡，而且甘于这么平淡，最大的乐趣就是聚在一起打打牌，攀比一下孩子的成绩，聊聊别人家的八卦。

那时候我们家楼下的路灯底下每天一到天黑，就会聚集一帮人打牌，在一个巨大巨高的废弃油桶上，所有人围成一圈，有人打几把就要回家煮饭，马上有人顶替上来，不打的人也喜欢站在旁边看，几个阿姨边看边织毛衣，时不时指点两句。

我晚上下课晚，路过那里，她们都会亲切地和我打招呼说：“淼淼，你回来了。”

对于小城市长大的小孩子来说，很少有人将来想留在这座城市，这座城市太小了，小到给不了任何有能力的人机会，没有背景的小孩只能靠自己考出去，留在大城市。

对于这个残酷的社会现象，我一度非常恐慌。

因为在当年我是一个长得不好看、成绩稀烂，也没有任何特长的小孩。

更糟糕的是我们地质大队的小孩在我那届普遍成绩都很好，相较之下我的愚钝更为突出，那时候我妈常说的一句话：“你要是有人家诗颖一半成绩我就开心死了。”

诗颖就是那个所有父母口中“别人家的小孩”。

我并没有因为我妈说的这句话讨厌诗颖，相反，我特别佩服她。

诗颖从小学开始就是学校的学习委员，成绩优秀到打败所有男同学，长得可爱甜美，就连性格都温柔可人，在我的心里，最完美的姑娘莫过于她这样。

我们读同一所小学，后来读同一所初

后来我常常想起当初我们的誓言，想起我们在鸽子飞过的蓝天下说要永远在一起，可是一眨眼我们已经好久不见。

中，她妈妈和我妈妈是特别好的朋友，她爸爸和我爸爸都被一起调派到上海工作。青梅竹马的情谊实在嫉妒不起来。

小时候闲来没事我就喜欢去她家玩儿，吃完饭乐颠颠地跑过去。那时候家家户户都喜欢装两扇门，一扇镂空的铁门一扇实心木门，为了方便经常开着木门，所以我时常走到她家门口，听她和她妈妈在客厅边吃饭边聊天。

她们会聊学校里的事情，例如老师今天又发脾气了，谁又考第一了之类的小八卦，让我吃惊的是，她还会讲哪个同学喜欢哪个同学。

这对我来说是极为隐蔽的事情，我绝对不会与我爸妈讨论。

所以我喜欢偷听她们聊天，像是在看另一种生活状态。

我从小就是那种心性很奇怪的小孩，或许因为父母离婚的关系，我的心里像是有着一个永远也填不满的黑洞，我渴望有各种各样的事情把这个黑洞填满。

我很小就知道身不由己是什么意思，所以我很宠惯自己微小可怜的怪毛病。

初中的时候诗颖在我隔壁班，我们还是经常约在一起玩儿。她特别喜欢看漫画，她会把自己买的漫画书偷偷藏在一个箱子里，塞在房间的隐秘位置。

那时候我开始喜欢到学校附近的书店去看“免费”杂志和书，骑着自行车去，一看就停不下来，因为这样我到毕业前在书店门口被偷了三辆自行车，被我妈揍了几顿。

但是即使这样，也没能阻止我去书店。

好像就是在那时候，我找到了生活的乐趣——看书以及写小说，我开始尝试给杂志投稿，只不过所有投出去的稿子都石沉大海。

中考的时候因我成绩太差，我去了离家非常远的一所普通高中读书。

失去了相同的学习环境，就失去了共同的话题，我和诗颖的关系渐渐没了以前那样的热络，一是见不到面，二是就算偶尔见到，也不知道要说什么。

清楚记得高二的某天我在公交车上与她偶遇，许久不见面，我们彼此都很尴尬，像是最熟悉的陌生人。

那是我第一次感受到友情疏离的惆怅。

我在高中开始积极地参与学校所有的社团和活动，从广播站到文学社，一个社团也没考上，不过因为考社团我认识了高中时期的一个好朋友——婷婷。

我们相逢在学校广播站，她考上了我没有，我站在榕树下郁郁寡欢，她买了两支雪糕给我吃。吃完雪糕我拉着她去操场上跑了两圈，累得躺在塑胶跑道上，大汗淋漓地问她：“我是不是挺差劲的？”

她笑着说：“偷偷告诉你吧，我初中复读了一年还是没考上一中，调剂来的四中。不过我也不遗憾，至少我很努力地又读了一年。”

她的话让我豁然开朗，接受自己不优秀的确是件很不容易的事情，但是也特别勇敢。

婷婷和我一个班，她是学画画的艺术生，我们整个班级百分之八十都是艺术生，我是属于那少数的百分之二十。

我乐于从那些学艺术的同学身上观察她们的生活状态。

学艺术的学生有自己的腔调，难掩的小骄傲和独特的气质，她们不爱学习，喜欢音乐听歌，写歌词，画画跳舞，敢和老师吵架，她们是大家眼中的不良少年和少女，可是我觉得她们活得挺潇洒的。

我依旧上课认真听讲，但是依旧考得出奇地差。

上了高中后，我不得不承认世上有个东西叫天赋，老师上课讲几何体，我回去想半个月也不能理解为什么立体的虚线是那样画。

我老老实实地认识到学习这条路不适合我，我没有那个智商，更没有那个天赋。

好在我唯一的兴趣就是写小说，闲来没事我就写字，写很多稚嫩青涩的小故事。我坚持不懈地给杂志投稿，不知道投了多少次，终于在我不抱希望的某一天，突然收到了某家杂志社打来的电话，通知我过稿了。

听到这个消息，觉得有点不可思议，当我看到自己的文字被印成铅字发表在杂志上的时候，才确定这是真的。

我没把这件事告诉别人，只是拿着杂志跑回家和我妈汇报，我妈一把把我抱在怀里笑得眼睛都弯起来了，她说：“你太棒了。”

这是我成长中第一次听到我妈说我太棒了，有种说不出的开心和满足。

第一次文章发表之后，我陆陆续续在杂志上发表了很多文章，不仅仅是杂志，还有报纸，我妈的同事偶然在市报上看到我的名字，惊讶得下巴都要掉了。要知道在那个年代的小县城，发表文章还是一件了不起的大事儿，读书好的人有好多，可是发表文章的小孩却没几个。

班主任也知道我写小说的事情，他找到我，让我承包了班级所有和文字有关的比赛，我在很多比赛中频频拿第一，无法想象成绩差到倒数的我竟然有机会在周一的晨会上代表年级念我环保主题的稿子。

念完之后，我在学校名震一时。文学社的老师特意邀请我进文学社做社长，广播站的站长也邀请我去广播站负责稿件审核。或许是经历了很多的失败，我更加明白要真正做好一件事有多不容易，我拒绝了老师的邀请，继续开开心心写我的小说。

由于学校离家很远，我中午住在婷婷家离学校不远的老宅子里，木头搭建的两层小楼，很大也很破，有一个种菜的小院子。中午我们吃完饭就坐在阳台上，她画画我写东西，下面是窄窄的马路，马路两旁有很多的店家在卖东西，喧闹的声音混合在水彩的油墨里，闻起来都带着阳光的美好。

她姐姐会把切好的水果端给我吃，我们在一起讨论未来要去哪里读书，要过什么样的生活，憧憬所有一切的一切。

那时候我们没有想过会有告别的一天，好像高中的生活永远都不会过完，那些慵懒惬意的时候永远不会结束，我们会一直和彼此在一起，一直少女。

当然那都是我们少女时期对青春最天真的想象。

高三那年，作为艺术生，婷婷去福州培训，我在老师的推荐下参加了贾平凹在西安举办的一场作文比赛，初赛的人很多，没想到我能入选。

决赛要在西安举办，还有为期一周的夏令营，拿到入选通知书的时候我立刻跑到班主任办公室，我说我要请假去西安，班主任皱着眉头说："你现在高三啊。"

我看着她说："我一定要请假。"

班主任看我态度坚决，于是问我："那你妈同意吗？"

我说："她同意。"

其实我没有问过我妈的意见，我心里只有一个声音，我一定要去，这是个千载难逢的机会，不去我一定会后悔。

最后我如愿坐上了去西安的火车，第一次一个人坐了近三十个小时的火车去一个陌生的城市。

那是我记忆里非常重要的一段旅程，我认识了来自全国各地喜欢写文字的朋友，我们每天聚在一起，听她们讨论文学，讲得口沫横飞，我才知道我目前所看到的所学到的知识，不过是别人的九牛一毛，她们的才学比我不知道强了多少。如果我在那座小县城算是一颗小小的星星，在她们面前我只不过是一粒小小的沙子。

本来内心还有一点点骄傲的我，在那趟旅程后更加明白了自己的渺小。

从西安回来之后，我开始投入紧张的高三生活，我依然写文，可是心态完全不同了，变得更加谦逊和认真。

高考过后我上了一所大专，虽然在很多人眼中这成绩实在太差了，但是对我自己来说，已经尽了最大的努力。婷婷以一分之差没考上她心仪的大学，诗颖毫无悬念地考上了复旦大学。

陪伴我走过青春的一些朋友都要陆续离开这座我们生活了十八年的小县城去往外面的城市。我们在学校的榕树下告别，在操场上看星空，聊我们高中三年的点点滴滴。

后来我们分道扬镳，在各自的生活里经营人生。

后来我还一直在写小说，十几年过去了，我出版了十本书。对文字，依然如同第一次发表文章一样充满喜悦和敬畏。

后来我常常想起当初我们的誓言，想起我们在鸽子飞过的蓝天下说要永远在一起，可是一眨眼我们已经好久不见。

可是那些鲜活地出现在我的生活里的人，陪伴我走过挫折的青春和阴暗的童年，陪伴我守候梦想和坚持的岁月，却永远地镌刻在我的心上。

它教会了我在未来的岁月，如何与喜欢闹别扭的自己握手言和。

如果可以，请让青春永恒，让相遇过的我们，永不说再见。

少年如月光般消散

✿李柏林

这么多年，我的心里一直藏着一个少年。他像是头顶的月光，而我却如同暗处的尘埃，只得偷偷仰望着他。

那是十四岁的秋天，我刚上初二。有一天下午，班主任突然领着一个很高的男孩子进了教室，他穿着白色的衬衫和白色的运动鞋，一头细碎的短发在阳光下闪着金色，像是从书中走出来的少年。

他叫顾森，听说他的父母在市里做生意，所以他一直在市里上学。因为父母太忙没人照顾他，只好把他送到了镇上的奶奶家。那时候的我们，大都穿着家里老人做的布鞋和衣服，在灰头土脸的我们面前，他更显得与众不同。

顾森虽然来自城市，却一点也不傲气，反而很平易近人。他的书包里有很多课外书，下课的时候，同学们都喜欢围着他找他借，他也不小气，借给谁都可以。即使别人把他的书弄破了，他也不会生气，粘好后，依旧会借给别人。

我比较胆小，从来没有找他借过书，所以我们一直没有说过话。直到那年冬天，为了迎接元旦，学校要进行大扫除。老师给我们每个人分工，比如哪几个同学擦玻璃，哪几个同学扫地，又有哪几个同学去打扫卫生区。因为我看起来比较瘦小，所以每次都是擦玻璃，老师大概觉得他平时很少干粗活，便安排了他跟我一组。

他从水池拎了一桶水，然后递给我一块抹布说："我们分工吧，你擦下面的六块就好了，中间和上面的要踩板凳，比较危险，交给我吧。"我红着脸说了一句："好呀。"

我一直擦着下面的玻璃，已经擦得非常干净了，他突然喊我："我们是一组呀，要男女搭配，才能干活不累，你帮我扶着桌子，我去擦门头的玻璃。"我没说话，跑过去帮他扶住桌子，看着他踮起脚尖擦着玻璃，我的心里紧张极了。

元旦过后，他让同学们帮他写同学录。那时候，我们镇上还很少有人写这个，大家都觉得新奇，想着这可能就是城里人的期末仪式吧。

我的生日恰巧在期末考试的前一个星期。那天，我像往常一样上课，因为在镇上的孩子，生日极其简单，就是煮几个鸡蛋、下一碗面条的事，根本不会有什么礼物。

可是那天下课后，他走到我的桌子前，送了我一张贺卡，是那时候很流行的音乐贺卡，封面是一个蛋糕和一束鲜花，打开后，会唱起生日快乐的歌。他用蓝色的钢笔在里面写着：很高兴遇见你，祝你生日快乐，天天开心，希望我们能做一辈子的朋友。

那是我第一次收到生日礼物，还是顾森送的。回去后，我把它藏在了衣柜里。

但是送贺卡的事大家并不觉得有什么奇怪，他对谁都很好，就是一个很细心的人。

我的心也像敞开了口子，大把大把的风灌进来，瞬间结了冰。

没人会把我们俩联系到一起，即使想八卦，也会八卦班里最优秀的女生。

可是那个学期结束后，他没有再来学校。

有些男生还会和他联系。听说他回去后，他父母生怕他落下了太多功课，便给他报了很多辅导班，所以最近他都不能回奶奶家了。我也一直在努力学习，希望有一天能去市里上学。有时候晚上做题做累了，我就偷偷拿出那张贺卡，想着此刻的他是不是也在做着题，不知道他还记不记得在镇上的时光……

初中毕业的时候，我们班有了QQ群，有男生把他也拉了进来。我才知道，这两年他参加了很多比赛，已经被我们市最好的高中录取了，都说那所学校只要进去，就相当于一只脚踏进了北大或清华。而我虽然很努力，也只考上了县城一所普通的高中，更是没有任何特长。

高中的时候，他已经在全国的各种竞赛上获奖，可是依旧会在群里和男生们嘻嘻哈哈，好像一切都没有变。唯一变的，是我们之间的距离，打扫卫生时，和我一组的男生不再是他，后来我的生日，也没有再收到过贺卡。

后来，我们也有了微信群，只是大家都忙于生活，联系越来越少。我和他虽然加了微信好友，却从来没有聊过天，只知道他后来出国留学了，精彩的人生仿佛是我再也无法参与的剧本。

可是在我大学毕业的那个冬天，顾森却给我发了信息，问我是否还记得他。他不知道，他是第一个送我礼物的人啊，我怎么会忘了他呢？

我还是抑制住激动的心情，问他："你怎么突然想到我了？"

他说："就是工作压力大，很怀念以前的时光。"

我说："我以为你早就忘了那段时光，还有那群没见过世面的我们呢。"

他说："其实是我自己要求转到镇上去上学的，因为在市里，和同学们相处得并不开心，父母也经常不在家，我觉得太孤独了。来了镇上，大家天天在一起玩，奶奶也会在家里等我，那半年是我最快乐的时光。"

我发了个难以置信的表情过去。他好像急了，接着说："是真的，后来我经常想起那段时光，还有夕阳下的球场，我还记得，你的生日是在期末考试的前一周。"

我说："我没想到你还记得！"

他说："怎么会不记得，我们打扫卫生是一组呢，那时你不爱说话，像一只怯怯的小兔子。"

我们就这样有一句没一句地聊着，我会拍下清晨的第一缕阳光发给他，他也会拍下夕阳下的河水发给我。但是我从没告诉他，他就像阳光下的河水一般，闪着金光。

有一次，他突然跟我说，他的奶奶生病了，可是他的父母不愿意管，但是他是奶奶带大的，不能不管。他已经把身上的钱都垫进去了，可住院费仍然不够，也不知道该找谁借。

那时候，我上班不久，一个月的工资只有 2000 元钱，除去房租和水电费，也是个月光族。可这是他第一次在我面前坦露伤口，我不想让他失望。

第二天，我就去找领导预支了两个月的工资，把钱转给了他。他说了很多感激的话，还要给我写欠条，说下个月一发工资就还给我。

我说："顾森，其实我们不用这样生分的，钱你先拿着用，其实也没有多少，如果后面你没有就不用还了，这钱就当是我给奶奶的。"

那段时间，我总是一个人走路回去，不敢在外面吃饭，都是回家煮白面条，可我却觉得很幸福，我终于可以为自己喜欢的男孩子做一些事情了。

他要忙工作，还要照顾奶奶，开始变得繁忙，但还是不忘给我说他奶奶的情况，我一直安慰他想开一点。他也在不断地提着欠了我钱的事情，好像心里有很重的包袱。我怕他有太多心理负担，渐渐减少了和他的联系。

就这样过去了一个又一个冬天，毕业十周年的那个冬天，有同学提议过年前大家回老家聚一聚，缅怀一下青春。

我不知道他的奶奶有没有好转，也不知道还会不会遇见他，但为了那天，我还是特意买了衣服、化了妆，希望能与他重逢。我甚至怕自己的行为太刻意，所以没有提前告诉他。

我见到了以前班里很活跃的那些女孩子，她们依旧和上学一样，聊着各种八卦。我在人群中一直用目光寻找着他，却没有找到。

突然，一个女生跟我说："你还记得顾森吗？"我点了点头，她说："他太可惜了，原本各方面条件都不错，可是后来他的父母生意失败，欠了很多钱，他却开始沉迷赌博，最后工作都没了。"

我听后，坐在那里愣住了。旁边的小菊也一脸鄙夷地说："当然知道了，他到处找人借钱，说奶奶生病，其实他的奶奶早就被他气死了，他就这样骗了好多女生的钱呢！"

可这些我怎么会信呢？我甚至觉得可笑，他是多么优秀的人呀！我想立马发信息给他，让他来同学会打破这样的传闻。可当我打开微信对话框发了一句：最近好吗？却弹出了好友验证信息。

我们不是好友了！

我想起那个冬天，他送我的贺卡上写着，我们要做一辈子的朋友啊……我从来不会怪他找我借钱，有什么比纯粹的感情更珍贵呢？

那顿饭，好像成了他的批斗会，大家都在说他变得如何差劲，一定要远离之类的。我的脑袋嗡嗡的，看着曾经喜欢的少年，被别人用最刻薄的词来形容，却无能为力。

那种感觉，就像年少时，你意外拥有了一件珍贵瓷器，却总觉得自己不配拥有，便把它放在高高的柜子上，可突然有一天，风把它吹倒，它成了一地碎片，你才发现，在岁月变迁中，它早已不是原来的模样。

聚会结束后，我一个人走在路上，天空突然下起了大雪，雪花落在我的睫毛上、头发上，还有手掌上。我的心也像敞开了口子，大把大把的风灌进来，瞬间结了冰。

洋洋洒洒的雪花，好似月光倾泻，我突然觉得，我的白月光也在一刹那被眼泪融化，消散在这无边的黑夜里了。

人间治愈集

人间值得，请勿泄气

把自己的心情弄得像块蛋糕，
甜甜蜜蜜，松松软软过好每一天。

——朱德庸

我不想忘

✲ 敬一丹

同一个场景，有人有体验，
有人没体验。有人路过，有人沉浸。

怎么会忘了呢?

父亲曾经是那么敏捷的一个人，记忆力超强，手不释卷，任何问题都可以问他。当他开始慢慢遗忘的时候，我害怕了。我害怕他那么丰富的人生，就这样一点点被忘掉了。

这种害怕让我感到长久的不安。人来这个世界走一趟，留下了许多痕迹：他自己创造的痕迹，别人留给他的痕迹，他和别人交错时产生的痕迹。如果那些痕迹、那些有价值的事物都被忘记的话——不仅仅是一个人，和他关联的世界的一部分就消失了。

记忆看不见，摸不着，存在于人的头脑中，却是人生中最宝贵的。

比起自然的忘记，主动的遗忘更让我感到不安。人总是想摆脱痛苦、摆脱焦虑、摆脱烦恼的，摆脱的方法就是“忘了吧”。但我们所有的那些经历，都付出过代价。如果忘了的话，我们就白经历了。

所以，我就是不想忘，特别是痛感记忆。那些痛苦的记忆，遇到了，是遭遇。如果忘掉的话，也是人生经验的一种丧失。

我不能想象，如果有一天，自然遗忘和主动遗忘都发生的时候，生命会是什么模样？趁着我们还没有忘记，把觉得有价值的，不该忘记的，记下来吧。

我母亲就特别珍惜跟“记录”相关的东西。

她保留下来的都是什么呢——和父亲结婚时的那张日历，每个孩子出生时的日历，我们小时候的操行评语、作业、画的画儿……

一切和文字有关的东西，她都特别珍惜，尤其是亲人之间的信。

从和我父亲的第一封情书开始，这些信她都留着，并且不知看了多少遍。后来，有了孩子，她会说，“我在给爸爸写信，你们在下面给爸爸画个画儿吧”，然后我们就画了一幅画儿。等到了我们会写字的时候，她就会说“你们在下面，给爸爸写一句话吧”。然后，我们就在妈妈那封信结尾，再写一行字。又过一段时间，我们会写更多字了，她就单拿出一张纸来：“你们给爸爸写信吧。”

母亲最珍贵的东西，就是在我们家床底下的一个木箱，那里面放着她从情书开始的家信。

她很珍爱那些信，希望自己的孩子也能珍爱它们。于是就把那些信做了整理，一册册地装订起来。她说，装订的方式是跟姥爷学的——把信整理好，用一个锥子插进去，用白色的棉线一针针地缝起来，工工整整。

后来，她把这些信分给四个孩子，每人十几、二十几册。再次看到这些信时，我们都一会儿哭，一会儿笑，好像一下就回到了那个年代。

这就是记忆保存的一种方式。母亲留给我的是记忆——她的记忆，我的记忆，家人的记忆。

母亲的这种做法，潜移默化地影响了我。

我的职业是记录，用镜头记录，用话筒记录。职业记录，记录的是大时代，大家共同经历的那些巨大变化，说的多半是公共语言。但除了职业记录，还有一种是个人记录。记录，好像是我生命的惯性和本能。

怎样留下父母的记忆呢？父亲八十多岁的时候，我给他写信，列下一串问号，都是我想知道想记录的事，于是有了《父女访谈录》。

那些信，那些年代的记录，那些传承的愿望，融汇成了一本书，叫《那年那信》。重读那些信，真是觉得太有价值了。这些价值不光是我母亲做了一件非凡的留存，还因为信里也有很多超出家庭的记录意义。它记录了那个时代，以及时代里的很多社会细节。

家庭的记忆，就是碎片，而社会的记忆就是由这些碎片构成的。我很在意这种个体记忆，有血有肉的。

退休的那一年，我写了一本书，叫《我遇到你》，回望自己的职业生涯。好像不给自己做这样一个小结的话，就过不去。

我遇到了什么呢？我遇到了电视媒体的上升期，遇到了那么多人，遇到了变化的时代。然后在所有的“遇到”中，我发现我特别在意“遇到”的那些孩子——弱势的孩子，在时代变化的漩涡中沉浮的，不知道会有什么变化的，充满了各种可能的孩子。

曾经采访过一个九岁的小女孩杨芳，我看到她所有的画都是蓝色的，因为她只有一支蓝色的圆珠笔。这个故事在《东方时空》播出以后，她收到了全国各地给她寄来的彩笔，她的同学也都有了彩笔。后来，她给我寄来一幅画，画了蝴蝶、云彩、花、草地、熊猫，所有都是彩色的，连熊猫都是彩色的。她画了一只绿色的熊猫！

看到那只绿色的熊猫时，我瞬间就掉泪了，这个孩子终于有彩笔了。

在剧烈的时代变化中，孩子们在其中的变化是最大的，这就是我眼中看到的“记录”的价值。

我采访的很多人，大多萍水相逢，很快就给忘了，这是记者的特点。但这些孩子，他们的眼神，他们的名字，他们在一起跟我手拉手的那种温度我还记得。

我不是一个记忆力很好的人，比如记数字、人名，一些比较机械的东西，我都记不住。但是和感觉有关的记忆，我记得。

幼儿园时，我想给我姐带一块麸子面的馒头回家尝尝，被老师发现了。老师从我的裤兜把它拿走的时候，那种“失落”，我记得。

少年时，我在夜里一个人补一条秋裤。如果把那十几个窟窿都补上的话，我就有秋裤穿了。但当我补完，这条秋裤已经失去弹性，紧得穿不上了。当时看着窗外，真想哭，可哭有什么用呢？我妈妈在几百里之外。那种“隐忍”，我记得。

我小弟弟特淘气。他没有一件新衣服，都是老大、老二、老三传给他的旧衣服。看到邻居和他同龄的小男孩穿着天蓝色的套头衫，两块钱，我觉得他也应该有一件。我到柜台看过很多次，后来，终于给他买了。没想到他穿出去玩了会儿，天蓝色的衣服就是黑一道、白一道的了。那种恨不得暴揍他一顿的心情，我记得。

五次去西藏，具体走了多少公里，我是记不住的。但我记得，当车沿着雅鲁藏布江行进的时候，月亮是如何跟着我们走过一棵棵树的。——树的影子，我到现在，还记得。

有些人对数字过目不忘，有些人对情景过目不忘，有些人在意内心的感觉。同一个场景，有人有体验，有人没体验。有人路过，有人沉浸。

在生活中，我特别欣赏“善感”的人。这样的人，在日常生活中是有“感觉”的。如果“没感觉”的话，心就没有“动起来”。

从这个意义来说，“多愁善感”真是一个好词，因为体验和记忆是相连的。如果当下有很好的体验和理解，会自然地形成一种记忆，再回头看就是特别难忘的回忆了。

日子一天天远去，我有太多东西不想忘记。

我不想忘——六岁时，我和弟弟偷了一个茄子，躲在食堂菜窖通风口偷着吃的那种感觉。我至今还记得，从百叶窗斜着倾泻下来的光。

我不想忘——我在银幕上看到让我心动的男主角，可是我还不敢跟别人说。我不想忘，在我看完电影，回到宿舍的路上眼前的那片萤火虫。那是少有的青春的彩色记忆。

我不想忘——在小兴安岭走在风雪交加的路上，有一个车老板停下车叫住我说，姑娘你的脸冻了。如果不是他提醒的话，可能那天我就破相了。

我不想忘——北京的一位妇产科医生。在我第一次怀孕准备做流产的时候，那个医生跟我说，留着吧。如果没有她，就没有我女儿了。

我不想忘——在我退休的时候，与我同龄的观众面对面地看着我，她说谢谢你那些年为我们做的事。

我不想忘——我爸爸看书的样子，我妈妈唱歌的样子……

我不是她理想的女儿，可她爱我

✿独木舟

我现在拥有的，比彼时的她要丰厚得多。

我给她的只是我的一小部分，而她曾给我的，是她的所有。

01

度过人生的某个阶段之后，对于聚散这回事，我似乎没有从前那么执着了。与任何人分开都不再像年轻时那样，痛苦得那么剧烈。

除了她。

不管是我每次离开湖南，还是她来北京看我，到了分别的时候，在高铁站和机场的安检口，我总是戴着很大的墨镜，也不多说话，很云淡风轻的样子。其实心里汹涌着悲伤，要用很大的力气才能克制住。

“我就从来没哭过，”她斩钉截铁地说，“你从家里走，我觉得你是去外面闯世界了，应该为你高兴。我从你那里走，看到你把自己的生活照顾得很好，朋友又多，我很放心，也没什么好哭的。”

她用具有某种迷信色彩的语气强调：“而且啊，我哭会对你不好，会影响你的运气呀。”

即便上了年纪，她仍然有种天真，这天真有时让人感觉愚蠢，却又不忍指责。

她可能忘了，她也不是从一开始就这么淡定的。

那是2009年的夏天。

我离开校园，初入社会，硬着头皮学习独立生活，没有人可以求助，也没想过要去求助。

那种负气是怎么回事？我很多年里都没想明白。

跟别人合租卷烟厂旁边的老式居民楼，每一天，空气里都弥漫着浓重的烟草气味。她来长沙看我，她自己是极其能吃苦的一个人，可是看到我的居住环境，也忍不住直摇头。

为什么不租个好一点的房子呢？她一边打扫卫生一边问我，扫把伸进床底下，传来玻璃碰玻璃的清脆声音吓了她一跳，怎么会有这么多空酒瓶子？

“因为房租便宜啊。”我根本一点都不觉得委屈：能做饭，能洗澡，关上卧室门就能安安静静写小说，下楼就是公交车站，交通也便利。

那时候，对于生活，我没有更多的要求。

起先是她一直用粗粝的方式养大我，到头来又是她觉得我太亏待自己。

那次我们一起坐公交车去火车站，她一路都盯着车上的路线，默默记下沿途的车站。

“下次我再来就不要你去接啦，我自己坐公交车来。”她说给我听，也是说给自己听，好像能够少麻烦我一点也是好的。

进站之后，她冲我挥挥手，示意我快回去。

我清楚地看到她转过身之后抬起手背擦眼泪的动作。

从头到尾，她没有问我床底下那些空酒瓶是怎么回事，她模模糊糊地知道我当时有很大的压力和茫然，她知道她问不出任何信息，于是干脆不问。

那是母亲的担忧和体谅。

很多年后，在一个寻常的时刻，她突然提起那些事情，说：“我知道你那时候抑郁。”

我没有说话。

那时候，是的，那个时候。那个时候我还非常年轻，没有经历过命运真正的打击和碾压，斗志多过伤感，我的心是硬的。

分别的时候，我是更镇定的那一个。

很多年后，我还能清楚地想起那一幕：她提着行李，随着人流走进灰蒙蒙的车站，过了安检之后，她转过身来对我挥手——手的姿势是冲外甩的——她让我赶紧走，别在那儿傻站着了。

然后她转过头去，笨拙地擦眼泪。

后来的这些年里，只要想到那个画面我就觉得非常难过，那是与任何人的分别都不能相比的。

似乎一切就是从那个时候开始的——我们之间不断地，不断地重复着循环着这样的告别。

其实在那之后不久，我的生活就改善了，我没有再继续过那种紧巴巴的日子。我很快就出了第一本书，拿了稿费，后来又陆续出了第二本，第三本……在我的同学们还在反复面试找工作的时候，我似乎就已经找到了自己能一直走下去的那条路。

在冥冥之中，好像有某种能量被激活了，我的运气一下子好了起来。

再也没有老鼠半夜爬上枕头来，没有再在冬天洗过冷水澡，尽管我遇到更多不易但也变得更坚强。生活在为难了我一段时间之后，终归是调了个头，往好的方向前进了。

到了今日，想起那些年月，我还是会感觉有些许酸楚——不是因为自己受过的苦，而是因为那些事情曾被她真切地看到过。

那些过往，你瞒不住她。所以，非哭泣不能表达。

02

在很早的时候，我们的关系是糟糕的。我也曾经悲观地认为这个状况大概是不可改变了。

我从来都知道，我不是她理想的女儿。

她想要一个乖巧的孩子，像大部分正

常的小女孩那样，听话，温柔，懂事，出类拔萃，能让父母为之骄傲。

而我，偏偏是这一切的反面。

小时候的我勉强还算有几分聪明伶俐，进入青春期后，情况迅速急转直下，变成最让大人头疼的那种女生。在一大群朝气蓬勃的同龄人里，我总是显得格格不入。我内心阴沉，好像每天都在盘算着干点什么坏事儿，对她最致命的打击是——我念书也不行。

简直是一场看不到尽头的灾难。

在那些时光里，她一定觉得有什么地方出了问题。

她一定在心里无数次责问过自己到底是做错了什么，为什么上天要这样惩罚她，给她一个这样的女儿。

过去多年后，我可以说实话了，也不用害怕任何人了，可是我依然解释不了，为什么当年自己会那么叛逆。

为什么会有那样暴烈的性情？

究竟想反抗什么——我不知道。

有一件她反复提起的事情，当作我让她担惊受怕的佐证。

2005年的夏天，某个中午，我的高中班主任打电话给她，叫她去趟学校，把我领走。

她真的急急忙忙就赶来了，大太阳底下走了半个小时，整张脸晒得通红，一身是汗。见到老师先是声音低了八度，然后就连身体也跟着矮了几厘米。

我木然地站在走廊里，旁边就是教室，同学们都在等着上课。

“你们就在这里等吧。”老师夹起书本，没有再给我们多一点提示。

我从来没有觉得学校那么安静过。

她陪我一起在走廊里站着，手里紧紧握着一个信封，我知道那里面是什么。

彼时，我们连稍微贵一点儿的菜都买不起，可是生活却并不因此而温柔地对待我们。

也许在那一刻她是恨我的，因为我的过错使她处于这样难堪的境地。可是，她立刻看到了我手臂上的十几条划痕。

“这是怎么搞的？”

她没想到，我说：“我自己划的。”

在那个信息还很闭塞的年代，我们都不知道什么是“抑郁”。她看向我的眼神里有种悲恸的困惑，她不明白自己的女儿为什么跟别人不一样。

老师没有收下那个信封，她们在办公室拉拉扯扯，一直推搡到办公室外面，引得教室里的同学纷纷关注，那一幕让年少的我深深感觉屈辱。

“你带她回去吧，她毕不了业的呀……”老师一直在劝她，用一种好心的口吻循循善诱，“她以后啊，只会走歪门邪道。”

我看她都快要哭出来了。

她声音小小的，讲着一些单亲母亲的不容易，讲着一些求情的话，她不敢跟老师吵，怕闹大了对我更不利。

长久以来，我们习惯了种种不公和刁难，也习惯了发生任何事情都要先从自己身上找原因。

我们早就麻木了。

要等到多久以后的某一天，在某一个契机中，你才会突然醒悟：也许，并非你的错，也许那个人就是讨厌你——没有逻辑，就是单纯讨厌你。

我不能辩解什么，一个不优秀的孩子，是没有话语权的。你只能怪自己，一定是你自己做错了事情，才会招致这样的境遇。

而对付这一切，所有在市井中长大的

人有一个共同的经验——忍耐，沉默，直到它结束。

2017年的夏天，她六十来岁了。年轻时的坏脾气都被磨光，很多不愉快的往事也都被淡忘，她成了一个整天笑嘻嘻的妇人。

我带她去旅行，为她打点好一切，她终于不需要再操心任何事。

我们坐在伊豆的旅馆的窗边，喝着滚烫的茶，静静地看着雨中的大海。

天和海都是灰色的，却不让人感觉压抑，眼前是一种闲适而从容的色调，我拿出相机，给她拍一些照片。

也许是因为足够放松吧，她忽然说起那些过去，用心有余悸的语气。

“从那次之后，我每天都揪着心，不知道什么时候又会接到老师的电话。家里座机一响我就怕，”又说，“不过她没有收我们的红包哦，不算太坏的。”

过去了，不再当作耻辱了才能举重若轻。

我知道，她不愿意我心里有仇恨，无论是恨那段经历，或者是恨某一个具体的人。

我没有和她说过，其实我很少回忆那段人生。因为我的世界越来越广阔，而记忆的储存量是有限的，带有伤痕的回忆越往后，颜色会越淡。

我年少时读亦舒，她教导我们说，生活得好，就是最佳报复。

我只想好好生活，为自己，不为报复任何人。

在我的记忆中，那一天里最深刻的部分，是那个烈日当头的中午，我们一前一后地走在回家路上。

我看着她疲惫的背影，咬着嘴唇，一直默默地哭。

走到家附近那个路口时，她回头对我说：“我没有力气做饭了，就在这儿找一家小饭店把中饭吃了吧。”小小的红陶钵，蒸出来的米饭很硬，每一粒都卡在喉头，我吃不下。

一个让母亲没有尊严的孩子，觉得自己不配活下去。

“吃饭啊，”她拿筷子敲了敲我的碗，“天塌下来，也要先吃饭啊。”

对于我，那是意义非凡的一顿饭。

我在后来的人生里遇到过许许多多比那天的情形要棘手百倍的难题。我独自一人跟生活打过无数场仗，多数时候，是我败了，但无论怎么样，我都会预留出一块缓冲的地带，让自己振作，不要彻底倒下。

先吃饭，再解决问题。人吃饱之后才有力气继续作战。

后来我有几个知心的朋友，有亲密的闺蜜。很多人陪我成长，在我脆弱时安慰我，在我没有信心时鼓励我。可是生命最初的最初，陪我挨过这些痛苦的盟友有且只有她。

这世界上有的母亲温柔，有的母亲暴躁，有的母亲无私，甘愿为家庭奉献一生。

有些母亲控制欲极强，以“爱”或是“为你好”之类的名义堂而皇之地干涉孩子的人生。各种各样的母亲，各种各样的孩子，衍生出各种各样的亲子关系。

我花了很多年才慢慢明白这件事。不复杂的感情，就没有重量，或者说，你生命中最沉重的感情，往往都是复杂的。

她三十岁的时候才生我，在那个年代，女性到这个年龄才生育是很罕见的。她曾经毫不避讳地同我讲起，当年方方面面都太艰难了，差一点点就决定不要这个小孩了。

她的婚姻并不幸福，丈夫没有责任感，经济条件又差……无论怎么看，生下这个孩子都不是聪明的做法。或许这就是母女缘吧，在艰难的自我挣扎之后，她还是决定生下这个小孩。

她说，生你的过程一点都不痛苦，很顺利。她还说，把你抱回家，别人看到你，都对我说，你这个小孩是来还债的。

这些在我记忆中连名字都没有留下的人，在那样早的时刻就下了判词。

想起来，总觉得有种一语成谶的宿命感。

03

那是1987年的夏天。

我在成长的过程中，一直是个很难管教的小孩儿。

于是她不止一次说起，你小时候见到路边上的冰柜就不肯走，哭着吵着要吃冰激凌。

她对此毫无办法，穷途末路之际，她只好卖掉了自己唯一一对金耳环，用那笔钱给我每天买个冰激凌。

我知道她话里的含义，她希望我能够安分守己，别给她找太多的麻烦。

卖耳环那件事发生在九十年代初期。

那时，一些胆子大、有魄力的人主动摔了自己的铁饭碗，勇敢地下了海，自立门户做生意，他们大多是白手起家，因为赶上了时代的红利，多少也都挣到了一些钱。

而这一切传奇都跟她没有关系。

她从来都是性情单纯，头脑简单，缺乏远见和才智，在翻天覆地的时局中艰难地辗转腾挪，始终过着清贫的生活，同时说些“知足常乐”之类的话。

过了几年，婚姻实在难以为继，她便离了婚，离开生养之地。又经过很多折腾，终于找到容身之所。她立刻来接我，一看到剪着男孩发型，瘦得皮包骨头的我，就直掉眼泪。

她仍然是单纯地觉得，生活从这一刻开始会好起来，却怎么都没想到往后的十几年不过是另一种意义上的艰难。

她的前半生，“幸运”是个从来不曾出现的东西。

“你这一生有没有特别恨的人？你受了这么多苦，有没有想过要怪谁？”她上了年纪之后，我问过她这一类问题。问的时候，我心里是有几个人选的，包括我自己在内。

“没有啊，”她竟然真的想了半天，然后大幅度地摇了摇头，“每个人有自己的命，我不怪任何人。”

她是很典型的中国传统女性，身心都有着不可磨灭的时代印记：纯良、胆小但很坚忍、质朴、逆来顺受、不怨天尤人。

这个时候，她已经跟命运讲和了。

但我还没有。

在她身边的那十来年，我们住在八十年代的居民楼里。

尽管房子破旧，但我有一间专属于自己的卧室，那是我第一个真正意义上的独立空间。墙上挂着两幅地图，一张中国地图，一张世界地图，桌椅书柜都是九十年代初的式样，左边的抽屉里放着许多港台歌手的磁带……

直到今天，那个房间里的一切细节依然会出现在我的梦里。

每年的雨季，陈旧的房顶会漏水。她便自己搭着梯子爬上去，在阴暗逼仄的隔层里打着手电筒，猫着腰捡烂瓦片。

不知道为什么，在那样恶劣的情况下，她仍然是高高兴兴的。

为了生计，她做过很多份工。

她在食盐库房里包过盐，手指上的皮肤每天都皱皱的。在早餐店当过服务员，也在药店卖过药。冬天的时候，她在街边守着三轮车卖过早点，而年少时的我曾经因为某种奇怪的自尊心，每次都要故意绕过那个路口。

她为此伤心，可是她也不说。

她不知道从哪里弄到一堆假发回来织小辫子，那种非常细的三股辫，编起来很伤眼睛。有一次，她第二天要交货，前一天深夜里她才发现自己编错了。

在我记忆中，那次她是真的急得有点儿崩溃了，讲话的声音里都带着一点儿哭腔。于是已经睡觉了的我从床上爬起来，陪她一根根拆掉，一根根重新编。

我们编了一整夜。

那些年月里，我们好像是在一种很糟糕和一种更糟糕的境况里选择自己的生存方式。

奇怪的是，无论怎么匮乏怎么难，她好像总是有办法把日子过下去。

她从来不记生活的仇，这就是母亲。

可是在长久的赤贫中，我的心里始终在积攒着一种东西，一种强烈的想要改变自己人生的决心。

而我的锋芒令她困惑。她跟她的朋友说起我，她说："我有点怕她，这个小孩到底像谁？我和她爸爸都没什么上进心，她怎么做事情那么拼？"

我有收入之后，给她买了几样基础的生活电器，但她也舍不得用，总是小心翼翼的。

我知道，她是惶恐，因为她穷太久了，担心今天花的是明天甚至后天的钱。她总是喋喋不休地教我"晴天挣了防落雨"。她对我缺乏了解，更缺乏信心。

"妈，我能挣钱了，以后我们能过好日子了。"这是我十八岁时发给她的一条短信，大白话，很直接，完全不像我现在的语言风格。

当时她用的是一个翻盖手机。十多年了，这个手机她还留着。

过了很久她才跟我说，当年她看到那条短信的时候，从那一刻开始，她觉得自己或许可以放心了。

她放心了，并不是她真的相信我以后能挣很多钱，她会有一个荣华富贵的下半生，而是因为她曾经对我充满了绝望，认定我不可能有好的未来。

她终于不需要再担忧了，那个曾被老师断言"将来一定会走歪门邪道"的女孩没有落入被诅咒的命运，并且在万分之一的可能性中，走了正道。

往后的这些时光，命运十足厚待我。

我对她说过的话，都一一兑现了。尽管在别的事情上我吃足了苦头，也曾撞得头破血流，但我们真的没有再回到从前那样的穷困潦倒的生活之中。

每一年她生日和母亲节，我都会去挑一件小小的金饰送给她。

我从来不戴黄金，作为一个文艺女青年，我始终觉得黄金过于华贵浮夸，与我的喜好不符。

起初她心疼钱，劝我说，不要买了。后来，买给她，她也不戴了，那些飞车抢劫老太太金项链的民生新闻让她胆战心惊，她害怕。

我不知道，这算是某种意义上的偿还吗？为我懵懂的幼年？

我觉得不是。

我觉得还不够。

我现在拥有的，比彼时的她要丰厚得多。我给她的只是我的一小部分，而她曾给我的，是她的所有。

我的父亲只是一个“跑龙套”的演员

✲阿杜

只要有戏演他就开心，
只要待在剧组，他的梦想就在延续。

01

父母离婚的时候我已经十岁了，我对被我称为“爸爸”的他没什么感情。我一直是跟着母亲长大的，而他来去匆匆，家就像一个旅店。他总在外地拍戏，我想更多的时间是在等戏拍吧，他是个毫无知名度的群众演员。

小时候的印象中，我记忆最深的就是母亲的眼泪。一看见她流泪，我就特别害怕。父亲每次回来都会给我买一个玩具，但我对他太过陌生了，并且受母亲的影响，心里对他充满怨气，并没有被他送我的玩具“收买”。他们离婚时，我没有难过。

母亲是单位的会计，收入不高，但足够我们俩度日。父亲以前是母亲的同事，后来父亲迷上演戏就辞职了。母亲劝过他很多次，但父亲铁了心要追他的“演员梦”，他们的关系僵持了好几年。可能母亲对他死心了，就主动提出离婚……

这些事情是听外婆说的，她提起我父亲时，有恨意，有叹惜，还有失望，她说：“好好一个家就被他的演员梦搅没了。”

02

母亲再婚后，父亲就更少出现在我面前，我对他的感情稀薄如空气。

我不想让别人知道家里的爸爸是我的“后爸”，而我的亲生父亲只是个没出息的“龙套演员”。这个秘密在我上初中时被一个同学捅破了，他的亲戚是我妈的同事。

那天，几个女生聊起了各自父母的职业。“小宇，听说你爸是单位的总工程师，你妈妈是会计，对吗？”同桌问我，我缄默片刻，然后点点头，轻声应道：“是呀！”

“狗屁！”

我的话音刚落，后桌的男生就莫名其妙地骂了句。我恼怒地扭过头瞪他：“你说什么？”“我说你撒谎，你爸是工程师吗？还总工程师？他是你后爸，你亲爹不是个‘跑龙套’的演员吗？专演叛徒走狗，还什么工程师，真会往自己脸上贴金……”

我的脸已经涨得通红，他的话还没说完，我就扑过去和他扭打成一团。秘密被揭穿的羞辱让我丧失了理智，我想和他同归于尽。

那一刻，我特别恨他。

我对父亲演戏产生关注，缘于一次学校组织大家去看的战争片，我在里面看见了父亲，他演一个叛徒。虽然戏份儿很少，虽然知道他是在演戏，但我还是接受不了。在幽暗的影院里，我泪流不止。为什么他是我的父亲？为什么他要演这样的角色？为什么他宁愿放弃家庭，放弃我，也要追逐这样一个梦想？

因为他，我被同学耻笑。我恨他，再接到他打来的电话时，我对他说：“不要再说你是我爸。”我挂了他的电话，躲在无人的角落失声痛哭。

03

父亲专程回来找我，我却不愿见他。

在母亲的劝说下，我去见了他。看见他瘦削的脸庞时，我又想起他演过的那些令人不齿的角色，心里堵得慌。他走过来，亲昵地揽住我的肩，我别扭地拂开他的手。他的手很有力，我无法挣脱，就生气地嚷：“我们之间有这么熟吗？小的时候，我想要你抱我的时候，你又在哪儿？你以为买几个玩具就可以填补我整个童年的记忆吗……”

一边说着，我的泪就不争气地滑落。这个我叫“爸爸”的人，他如此陌生。父亲一把把我搂在怀里，哽咽说：“是我对不起你和你妈妈，我为了自己的梦想，让你们受委屈了……”父亲的眼中泪光闪烁。落寞的神情又让我禁不住心疼起来。我想起在他演过的角色中，也有过这样的眼神。那次他出演的角色被一群人围着打，他抱着头在地上滚来滚去，惨叫不止。当人群散去，浑身是血的他坐在无人的角落，眼神就是这样的落寞。

“爸，别拍戏了，好吗？”忍了很久，我对他说出了心里话。他盯着我的眼睛：“不拍戏？那我干什么？这是我的梦想。”“你成不了大明星的，你也当不上男主角。”我继续劝。

“我承认，或许我努力一辈子也成不了大明星，可是那又如何呢？只要有戏演就可以了。”父亲说。此时他的眼神充满坚毅，全然不是电影中猥琐的模样。

“那你替我想过吗？你演的都是什么玩意儿呀？流氓、汉奸……你让我怎么面对？”我实在说不下去了，他为了他的梦想，什么都愿意演。可是我的人生呢？我为什么就要背负上这山一般沉重的包袱？

父亲看着我，不再说话，而他的眼中是深不见底的忧伤。

04

我以为父亲会为此恨透我，毕竟我是他儿子，却将所有最恶毒的话都对他说了。

出乎意料，他竟然还会主动给我打电话，主动对我说起他的戏，就好像我那些伤他心的话从不曾说过一样。

“儿子，老爸这次没再演汉奸，我演了回八路军……”

“儿子，老爸这次演了个‘男六号’，是潜伏在敌军内部的卧底……”

“儿子，老爸最近接了个古装戏，猜猜我演了谁？告诉你吧，我终于演了回大将军……”

父亲的电话，不间断地打来，总是主动汇报他接演的新角色。我终是知道，他很在意我说的那番话，他都记在心里了。只是我不知道，“跑龙套”的父亲，对角色的分配有多少选择余地？他要争取到那些正面角色，得付出多少努力？

其实我对父亲说出那样一番话后就后悔了。虽然我恨过他，漠视他，但他努力追逐他的梦想又有何错呢？每一部戏里都有好人、坏人，他只是在塑造角色，我怎能当真呢？

父亲并不知道，我后来曾偷偷去看过他拍电影。那次的戏里，他演一个硬汉，台词不多，最后死得很惨。躲在人群里的我，看着被乱刀砍死的父亲，泪水模糊了眼睛。

收工后，主要演员都去休息了，他却哼着歌开始忙碌地收拾场地。我远远望着父亲，看着他和剧务组的人边工作边大声说笑，似乎很开心。我想这或许就是他想要的生活吧。

再接到他的电话时，我会提醒他要注意安全，要吃饱穿暖，要多休息。我知道，或许终其一生，父亲都只是一个“跑龙套”的演员，他成不了大明星，但是那又如何呢？演戏是他生命中最热衷的事，是他的梦想。他可以为了一场戏在大冬天毫不犹豫地跳进冰冷刺骨的水里，可以为了塑造他所要演的角色被人打趴在地，甚至把自己装扮得不人不鬼……他和那些让人喜爱的大明星一样，都在努力打拼。他同样值得所有人尊重。

只要有戏演他就开心，只要待在剧组，他的梦想就在延续。我看见的只是父亲在银幕上扮演的小角色，但在他的人生里，他就是自己的主角，他背面的精彩，我会慢慢体会。

这里盛放着一个孩子的童年

✲ 闫晗

童年记忆中印象最深的房子是租来的，从幼儿园住到小学三年级。那房子门朝东，有可供晒粮食的水泥平房顶，院子里有水井和葡萄架。

门口有废弃的猪圈，堆着些玉米秸和柴火，栽有几棵细细的榆树，刚刚比平房顶高一点，小鸟在上面搭窝都很不安全，总被孩子们觊觎。

我喜欢水泥平房顶，夏天的夜晚可以躺在上面乘凉，因为地势高，会有阵阵的凉风吹过。而那水泥面被日间的太阳晒过，是温热舒适的。

天色尚未黯淡时，我在平房顶写作业，有时候会拉上几个小伙伴一起写，小时候似乎做什么都是有人陪着才带劲儿些。

一年级时，常和我一起的是个叫秀华的小姑娘，她住在隔壁村，脸上有种与年龄不符的沧桑与和气。她偶尔也在我家吃饭，我妈妈还给我们俩拍了照片留念。我后来翻出那张照片来，我穿着格子背带裤，她穿着花裙子。

我却再也想不起我们除了写作业还有哪些往来，这段友谊似乎很短暂，消失和来得一样迅疾——最终我们只是曾经一起写过作业的朋友。

还有两个小女孩，也来家里玩，开抽屉乱翻，涂妈妈的口红。其中一个女孩偷偷拿走了我一件衣服，是后来她对别人说起，我才知道。我便不叫她们来玩了，并为自己的轻信感到羞愧。

我们也有张合影照片，每每看到时，总有种奇妙的感觉。背景是我家晒在外面的大海绵垫子，照片里的她俩是鲜红的嘴唇，而我是唇色煞白的，衬得愈发傻气。

等天黑下来时，我们全家会在平房顶上看屋子里的电视，隔着四五米远，看得也影影绰绰。只有夏天才可以坐在平房顶上纳凉，到了冬季我们全家就趴在被窝里看电视。

那阵的电视还没有遥控器，屋里也没有暖气，为了避免在大冷天还要哆嗦着跳出被窝关电视，爸爸特意削了一根长长的棍子，打磨得十分光滑，在炕上伸长胳膊对着按键一捅就关掉了，然后收好棍子反转身子睡觉。

冬天里爸爸有时需要上夜班，上前半夜班的时候是次日一点左右回来，外面木门上的铁环转动，吱嘎响一声，就是他推着自行车进了院子，接着是车腿放下的咔嚓一声，他推开里屋的门，扑落身上的雪，带着一股凉气。

听到门响的时候，我会有一点害怕，睁着眼睛直到看见是他进了门，才又安心睡去。上后半夜班的时候，爸爸十一点钟爬起来，裹上军大衣和厚围巾，推自行车出门。他在单位负责烧锅炉，为整个工厂供暖，天越冷的时候工作量越大。

上夜班的好处是，白天会在家，有闲暇做些手工，这是我所喜欢的。有一阵村里流行用捆纸箱的塑料封条编篓子，结实轻便还不怕水，用来放要洗的衣服或者装菜园里摘来的瓜果蔬菜都很妥帖。

那时常见到爸爸坐在院子里的马扎上，灰色和白色的封条在他怀里跳跃着，渐渐出来了篓子底的模样。

他还会把红色的塑料证书皮剪下来，制成一个大大的双喜字镶嵌在篓子的中央，很有些乡土的喜庆气息。

院子里的水槽边种了两排洋葱，长出长长的葱棒时，我会把它们折下来，用小刀仔细削去绿色的外皮，然后吃掉白色的瓤，味道是微辣清爽的甜，是那段时光里独有的味道。

有一次，我拿菜刀削葱皮，刀不小心从手中滑落，在我的小腿肚上划了个长长的口子，那疤痕一直存在着，而我也不再吃葱棒了。

平房顶四周有由水泥砌起砖头高的围栏，为了防止积水，角落里有出水口，夏日里下大雨的时候塑料管子就哗啦啦地向下流水，冲刷着地面。

天气最热的时候，我会在下雨天在那出水口冲澡。那时周围并没有高楼，在自家的院子里关上门感觉很安全。

冷的雨水浇在热的人身上，会有一种痒痒的感觉，但过一阵儿，就习惯雨的温度了。那时的雨水还比较干净，我们也会用橡胶桶接落下的雨，储存起来浇花。

表哥寒暑假的时候会来住几天，我常欢欣地等他来，他很快就和村子里的男孩熟识起来，一起打打闹闹，去某个地方捕蝉或捉鱼。大约男孩子之间的熟悉就是这么简单与随意。

但他也常常闹情绪，不高兴了便自己跑到马路上要步行回家。他会回头看看，如果有人追来，便跑得更快。如果没人理，也就悄悄地回来了。

表哥拿走了我的《365夜故事》，没有还给我，我耿耿于怀了多年，四年级时到他家发现了被撕剩下小半本的书，装作忘记了那是我的书，心里却一阵难过。

四年级的时候我们搬离了那个村子，在别处安家，继续人生的漂泊之旅。

许多年后，我在某一天的夜里醒来，清清楚楚记得梦中走进那所房子所在的胡同，然后拼命刷新回忆也记不起里面的具体情形，有一种头晕胸闷的窒息感。

夏天的时候，我休年假回老家，决定要到我们曾经租的那个家看一眼。村子变化很大，有了宽阔的马路，站在那所旧房子面前，我费力地辨认出了它。

水泥墙壁已经斑驳，木门更加破旧，上面挂着生锈的锁，大门旁随意地放着一些玉米秸，小树已经长高了。

不知道这些年里面住过谁，现在还有没有人住。这院落里盛放着一个孩子的童年，因而在我的记忆中是永生的。

爱是山长水阔，最后是你

✲ 梅影

过年回家的途中，我时不时接到父亲的电话，询问我走的是哪条高速，现在到哪里了。我一边不厌其烦地回答，一边想象他此时的样子——一定正戴着老花镜，站在贴有中国地图的床边，认真地听我报出的地名，然后眼睛在地图上细细地搜寻，手拿着笔飞快地在地图上圈画着。挂了电话，他一定还会站在地图前，再仔细端详一会儿那个画圈的地名，在心里计算那个地方离家的距离。

从我第一次离家开始，他就养成了这样的习惯，没事就站在地图前看一看，算一算，仿佛看着地图，就是守在我的身边，可以亦步亦趋地陪着我，从异乡赶回故乡。

我离开家，尤其是在成年后，他都是用默默地看地图的方式参与我的生活，完成对我的照顾和守护。

那张粗糙又硕大的中国地图，是他在我考上大学那年买下的。彼时，我的偶像是三毛，一心向往着诗意的远方，期待有一天也能四海为家，浪迹天涯。所以填报高考志愿时，我没有和任何人商议，选择学校的标准只有一个——哪里离家远，就报哪里的学校。满满一张表格，从新疆、内蒙古到云南、广东，我处处留意，远走高飞之心路人皆知。

父亲看了我的志愿表，虽然没有赞许，但也没有反对，他很平静地接纳了，只说了一句："只要你通过自己的努力能去到那些地方，我和你妈都没有意见。"然后，他就买来了这张一米五长的地图，挂在了自己的床头。接着，他把我填报的所有城市都标注出来，并分别计算从家到那些地方的距离。那时，他还不需要戴老花镜，看地图上那些密密麻麻的小字，尚不算吃力。

领到录取通知书后，在我准备离家的那段日子，他时常默默地站在地图前，或怔怔地发呆，或若有所思，或怅然若失，我虽然有些轻微的心疼和难过，但并不觉得自己的选择有什么不妥。

离家的日子终于到来了，父亲到底不放心，决定送我去学校。而我也在现实面前心生各种怯意，已无力拒绝他的好意。于是，他一路扛着大包小包，领着我倒了三趟火车，花了两天三夜，终于如期抵达我的大学。

我真正开始揪心地难过，是在送父亲离开时。安顿好一切之后，天色已晚，我想当然地以为他会在当地住一晚，然后至少花一天时间转一转这座被誉为“七朝古都”的城市。可他推说家里事多，执意要当晚离开。后来我才知道，他在为我交了学费、住宿费、购置费和生活费后，身上的钱已寥寥无几，仅剩下一点路费。一个为钱所困的父亲，是羞于向女儿说出真相的，天真的我却难以体会他彼时的难过和窘迫。

他坐上由校门口始发开往终点火车站的10路公交车时，街灯四起，把我一脸汹涌而至的泪照耀得无处躲藏。我一边呆呆地矗立在站牌下抹泪，一边看着上了公交车的他，一路趔趄着从前门走到最后，跪坐在一个座位上，隔着车窗看着我。公交车开出去好远，我还能看到他紧贴着车窗的脸，我终于忍不住蹲下身，在马路边哭得像个找不到家的孩子。

很多年后，我都记得父亲贴在车窗上的面孔，他的表情里的巨大的不舍、不安和不忍，流泻了整座陌生的城市。每次想起来，我都忍不住泪流满面。

回到家后的父亲很快给我写了信，我由此得知，因为没有买到火车票，他当晚并没有离开这座城市，而是在火车站凑合了一夜。在信中，他还很满足地说，10路公交车真不错，绕着一座城晃悠了一圈，所有听来的景，他都一一看到了，心中一点遗憾都没有。

后来，我外出也爱坐10路公交车，虽然它总是慢吞吞地绕来绕去，虽然我在坐过之后发现所谓的看景，不过是一个仅有大门和围墙的善意谎言，但我还是对它充满了难以言尽的感激和依恋。

再后来，我经历了独自买票、倒车，在售票大厅休息时被人赶来赶去，车厢里人多得双脚几乎不能同时落地……等我一步步走过父亲的路后，才逐渐明白，真实的生活，永远都不完全是三毛的文字里所描述的那样绿意盎然，诗意丛生，并金光闪闪。一个人能活成一段轻巧的文字，并觉得岁月静好，不过是因为有人在替你负重前行。

毕业工作后，我做的第一件事，就是省吃俭用攒了一笔钱，请了假带着父亲重游古都。每个他听来的景点，我都提前买了门票，陪他进门参观。虽然他一路抱怨着不划算，一直强调自己已经看过了，但我还是挽着他的胳膊，一次次跨过敞开的大门，一次次看高高的围墙内乏善可陈的风景，并在每个标志性景观前为他拍照。

晚上，我带他去了当地著名的小吃城，给他买了黄焖鱼、鲤鱼焙面、杏仁茶……父亲笑说我买东西的样子像个暴发户，这句话让我感到特别开心和满足。

往事浩荡，伴我一路颠簸。

回家后，看到父亲果然站在地图前，盯着上面的圈圈点点，我马上摆出一副暴发户的表情“教训”他道：“给您买的手机和 iPad 上都有地图，你打开都能看见。”他讪笑着答：“那上面能看到你刚离家的时候吗？”

嗯，看不到。

那张贴在他床头近20年的地图，怎么可能轻易被取代？它有遥遥的故事，有脉脉的温情，它是我心中的自由和远方，是父亲心底深埋潜藏的爱与牵挂、守护与尊重。

落在郝叔一生中的雪

✻ 张爱笛声

落在一个人一生中的雪，我们不能全部看见。
每个人都在自己的生命中，孤独地过冬……

01

郝叔是我亲叔叔，我爸唯一的弟弟。

父母工作都忙，每到过年过节的时候，我都会拎上他们精心准备的礼品去看郝叔。郝叔独居在乡下的小房子里，平日里不喜出门，屋后有一片地，他就在那片土地上种花生，种菜。等到收获的时候，他也会拎着花生油和新鲜蔬菜到我们家。他和父亲感情很好，两个人一瓶酒就着一碟花生米能聊一整天，但一年里这样的时刻，只有一两回。大多数时候，郝叔都在离我们不近的老家，做着自己的事。

郝叔和我父亲面容很像，在我很小的时候甚至不能区分出他们俩。后来我长大了一些，发现郝叔和我父亲越来越不像了。我父亲早年当过兵，退伍后当了机关单位的一个职员，由于工作出色，几年后升职当了个小领导。他身姿挺拔，气宇轩昂，由于工作上一路顺风顺水，他的身上总是充满着一种人生赢家的气质。郝叔则与父亲截然不同，他比父亲小两岁，脸上却早早地有了皱纹，因为常年需要下田耕作的关系，他总是穿着一身最简单的深色衬衫，卡其色裤子，他总说这样才耐脏。他手上有很厚的茧子，脸也晒得黝黑，还是个老烟枪。我听到过不少人说："你这叔叔也是够没出息的，当初要是和你爸一样去当个兵，现在也不至于这么落魄，只能在地里讨生活。"

老家很多人都看不起郝叔，表面上不说，背地里却常常笑话他。我父亲却不允许我对郝叔有半点儿不敬，他总是说："别人怎么说我不管，反正我现在拥有的一切都是你郝叔成全的，你长大后，该怎么孝敬我就怎么孝敬你郝叔。"

02

小时候的每个寒暑假，父母都会把我送到郝叔家小住，那时候奶奶还健在，她和郝叔住在一起。郝叔没结婚，也没有孩子，我的到来使他欢天喜地，他完全把我当作亲生女儿，平日里舍不得吃的用的都会在知道我要来之前就早早地准备好。

郝叔的性格不像我爸，他沉默寡言，不擅长与人沟通，对我好的方式就是不断给我买好吃的好玩的。他不懂得拒绝我的任何要求，冬日里打雪仗，夏日里进森林摘果子，只要我想做的，他都陪我。郝叔有两个爱好，一是写字，二是养蜜。郝叔念过的书不多，却写得一手好字，每年春节的时候都是他最忙的时候。村里不少人家都上门来请他写春联，他爱写字，自然也乐意帮人家这个忙。除夕夜，通常都是我和奶奶在厨房准备年夜饭，郝叔蹲在客厅里写他的春联，若是写的字得到了别人的夸赞，他必会好几天都合不拢嘴。因着郝叔爱写字的关系，我在他的教导下至今仍能写得出一手让人称赞的字来。

郝叔养蜂养了十几年，我常笑称他是蜜蜂王国的"国王"。奶奶去世之后，陪伴他的只有院子里的那几箱蜜蜂。我从小见惯了蜜蜂在院子里飞舞，熟悉了从蜜桶里缓缓流出的蜜汁的味道，也记住了每个春天郝叔在荔枝树下忙着采蜜的身影。采完蜜后，郝叔先筛出几斤最好的留给我家，然后再分发点儿给远房的亲戚，附近的乡亲若是上门来讨，他也从不提及钱的事，他不会说好听的话，但做的都是实实在在的好事。

有一年我父亲的身体出了问题，加上当时工作上也遇到了点儿变动，做完手术后的父亲整个人都显得郁郁寡欢，晚上睡不着觉，白天吃不下饭。父亲不让我告知郝叔他的状况，可是郝叔到底还是知道了。他借了一辆车，装满了自家产的青菜、农家鸡蛋、用稻谷碾做的米……当然了，他还提来了好几斤蜂蜜。带来的东西堆满了家里的客厅，见到父亲后，他那悬着的一颗心终于落了下来。"见到你我才安心，昨天夜里一直睡不着，担心哪。还好，你也只是瘦了点儿，脸色还是好的，精气神也还在，都会好起来的。"

父亲那段时间心情不好，脾气也有点儿暴躁，但见到郝叔后心情却平和了好多。

"你一路顺利惯了，其实人生有点儿小磕小碰也是好的，总比一下子摔个大跟头要强。"

"没事咱不寻事，出了事咱也不怕事。

你也不要觉得是别人针对你，不要因此就和别人对立起来。”

“任何时候，身体都是最重要的，当多大的官有什么用，都是给别人看的。踏踏实实做事，对得起自己良心就行了，只有家里人才会真正关心你……”

他们坐在沙发上聊天，以往都是父亲说得多，郝叔听得多。这次角色却转换了过来，郝叔说什么，父亲都接连点头，从不争执。临别的时候，郝叔指着桌上的蜂蜜说：“都是我自己采的，很有营养，你每天喝点儿，对肠胃也好，也有助睡眠。”

我不知道究竟是那蜂蜜有奇效，还是郝叔的话开解了父亲的心结，父亲在吃了几个月的蜂蜜后，身体竟然真的慢慢好起来了。

03

郝叔五十岁的时候，有个女人来找他，郝叔见到那个女人，和她抱头痛哭了许久。我问父亲那女人是谁，父亲抽了口烟，叹气说：“其实她本应该是你的婶婶的，唉，怪只怪造化弄人。”

原来郝叔在二十出头的年纪曾经谈过一次恋爱，当时的对象就是这个女人，彼此的感情很深，已经到了谈婚论嫁的地步。可是那一年郝叔却感染了风寒，终日咳嗽不停，总也不好。村里人不知怎的就传说他得的是肺痨，是不治之症。女方的父母一听是这病，当然不许女儿嫁给他。那女人也是倔强，认定了郝叔，怎么也不肯另嫁。可她怎么拗得过以死相逼的父母，最终还是含泪嫁给了别的男人。自此之后，郝叔和她就失去了音信。郝叔的病后来不治而愈，可是心已经被伤透了，也不肯再去娶妻生子。奶奶在世的时候还劝过他几回，可他性子硬，说这辈子就一个人过了。

女人的老伴走了，儿女也长大成人，她唯一亏欠和惦记的人只有郝叔了。她敲开郝叔的门，四目相对间，发现彼此头发都白了，皱纹也深了，只有那份情谊不曾减过半分。

我怎么也没想到郝叔身上还藏有这样感人的故事，我对父亲说：“这下好了，郝叔苦了这么多年，总算得偿所愿了。”

郝叔很快就和那个女人去领了结婚证，在五十岁的年纪，不顾周围人的流言蜚语。婚礼那天，父亲给婶婶敬了杯酒，激动得语无伦次，半天才说出一句完整的话：“我这弟弟命太苦了，你要对他好啊。”

郝叔和婶婶过上了很幸福很快乐的日子，可是这样的日子，也仅仅只有短短的五年。郝叔后来患了重病，癌细胞从胃部转移到全身，医院宣告不治。郝叔最后的日子是在家度过的，陪伴他的有他最熟悉的几块地，几箱蜜蜂，还有婶婶。父亲请了假去陪他，两人每天一起种种地，逗逗猫。父亲再也不拦着他喝酒了，兄弟俩端起酒杯一喝就是一宿，谁也没提及分别，总是在讲以前的事，都在笑，笑着笑着却都红了眼睛。

没多久，郝叔去世了。他的左手握着婶婶，右手握着父亲，嘴角露出最后一抹微笑，也没留什么遗言，就这么去了。

守灵那一晚，婶婶哭得很厉害，来来回回只重复着一句：“本来以为我们还有十年、二十年，可是你只给了我五年……上天对我们为什么这么残忍……”

父亲是沉默的，沉默得让我以为他一

点儿也不悲伤。肃静的秋风，伴着浅浅的长明灯，父亲望着棺木里沉睡的郝叔，他喊来我，让我给郝叔磕三个响头，我照做了。

04

后来，父亲给我讲了一个故事。

有一对兄弟，他们出身贫苦，总梦想着有个机会可以跳出农门。两人念到初中时，有部队来他们的小镇上征兵，两兄弟都很想去。可是他们的父亲早早就离世了，家里只有一个老母亲，两个儿子怎么能都离开母亲到千里之外去服兵役呢？距离征兵结束还有一天，弟弟跟哥哥说："我偷偷报了名，可是没选上，所以又帮你报了名。你快去试试，兴许能选上呢？"哥哥很惊讶也很欣喜地冲去参加甄选，没想到的是，自己真的被选上了。后来，哥哥参军，弟弟留在家照顾母亲，两人的命运从此截然不同。

哥哥退伍后成为公职人员，后来把家安在了城市，生活优越安稳。弟弟在初三那年辍了学，因为单靠母亲之力无法供养他继续读书。他就留在农村，和周围的同龄人一样，成为一个普通的务农人。

有一次哥哥和当年接走他去当兵的领导吃饭，话题不知怎的就聊到他的弟弟，当知道弟弟在家务农时，领导惋惜地说："你弟弟当年报名参军其实已经选上了，可是后来他说他还是更喜欢读书，于是就推荐了你。虽然你也不错，可是若论身体条件，你弟弟其实比你更好……"

哥哥才知道，是弟弟成全了他的梦想。他们都知道，这一个选择必定会决定他们后半生的命运，可是弟弟没有过一句抱怨。后来哥哥和他道过一声"谢谢"，他也只是窘迫地微微一笑："你都知道了啊。其实真的也没什么，反正我们俩最终也只能去一个，我在家陪着妈，过着平静的生活也挺好的。不像你，当兵也苦，在大城市打拼也累。"

后来他们就再也没提起过这事，在漫长的光阴里，弟弟心甘情愿地接受了命运的安排，而哥哥对弟弟心存感激，却总也找不到报答他的方式，只能装作顺理成章地接受了他的好意。

"这个故事里的两兄弟，就是我和你郝叔。"父亲说着，两行泪涌了出来，"换了是别人，一定会怨，会恨，他真是从来没有。"

05

"落在一个人一生中的雪，我们不能全部看见。每个人都在自己的生命中，孤独地过冬……"

我不知道郝叔是怎样熬过生命中那些冷冬的，他把梦想给了兄长，爱情也被横加剥夺，命运从未将他眷顾。为了让父亲心安，他从未抱怨。为了坚守爱情，他等心爱的人等到五十岁，这段幸福的岁月却只有短短的五年……他一定也是怨过上天的吧，为什么让他尝了那么多的苦，为什么甜蜜快乐的时光却那么短暂？但他不能说，他只能孤独地，在黑夜里一个人去品尝这种苦，无言地问上天，上天却始终沉默。

落在郝叔一生中的雪，在他离开人世之后，我终于得以全部看见。我却再也没有机会，伸手给他掸掸肩上的雪，也没有机会，在寒冬的晚上给他热一壶酒，只为暖暖他早已冰冷的心。

原谅我也是第一次为人子女

✿林一芙

我妈总是说，很抱歉，没能帮助你什么，
因为我也是第一次为人父母。

上一次和我妈吵架是在大四快要毕业的时候。

那时候我在医院实习，工作强度太大，以至于我每天闻到消毒药水的味道都有一种要作呕的感觉。

我待在肿瘤内科，每天来来往往的都是重症病人及家属，稍有不慎就容易成为病人的出气筒。

我习惯了和颜悦色地面对每一个病人，在他们歇斯底里时思考最妥当的解决方案，同时在医院老师们面前做听话的乖学生。

那段时间，我频繁地跟我妈吵架。

有时候回到家里，身心俱疲，直挺挺躺在床上。我妈有强迫症，从客厅进来随口唠叨了一句："怎么不把床单拉平再躺"。

我顷刻间就炸毛了，从床上坐起来吼她："你没看见我刚回来，床单皱一点有什么关系，我才刚刚准备睡，又被你吵醒了！"

大学是我自己任性要读医学院的，那时候年少无知一心想脱离父母熟悉的领域，才导致毕业时的纠结迷茫。

可我却因此数落、责怪我妈：

“别人的妈妈在高中时候就开始为儿女铺路了，你当初为什么不给我建议？”

“你从来没有为我的未来负责过。”

或许，人在低谷时，不亲手把责任推给另一个人会活不下去，而归罪于身边最亲近的人就成为最便捷可行的方法。

我在外越是乖巧，回家越是任性，并且自以为这一切是理所当然可以被原谅的。

渐渐地，我妈对我说的每一个字都开始小心翼翼地斟酌。她对待自己的女儿，就像对待一个在门口挂着“请勿打扰”的生客。

她会偷偷在我包里塞小点心，晚上和我一起讨论电视剧。

我想，她一定在暗地里准备了一百种试图让我变得愉悦的方法，却试不到一个奏效的。

那一阶段，我在医院常常吃闭门羹。有时候会向我妈提起，自己好容易做好消毒，病人瞥到我的实习生胸牌就要换人。

我妈是个特别怕疼的人，后来有一次，她体检回来很兴奋地给我看她手上的针孔：“我今天去体检，护士给我扎了四针才扎进去。”

我说：“怎么就傻傻让别人扎四针，可以换个人来。”

“我今天遇到一个和你差不多大的实习生，她问我能不能让她试一下。我看到她就想起你了。”

“我想，我现在多给别人一点儿机会，以后别人也会给你机会。”

我听得鼻头一酸。

我们全家没有人在医疗行业，谁都不清楚这个新领域是怎样的环境。我妈就用这样笨拙无效的方法，暗自期待着世界能对她的女儿好一点——就让妈妈痛一点儿吧，或许有一千分之一的机会，上天可以看见，然后回报在你的身上。

那是我第一次觉得，在为人子女这件事上，我是这样的不合格，甚至是零分。

我不知道是不是有很多人和我一样，习惯把父母当成最后的堡垒。以为自己在外㞞成一个草包，扎一身长短不一的刺，就可以转过身来，扎在父母身上。

对外人发泄情绪，可能会因此遭到讨伐。为了避免伤害，我选择点头哈腰，一味讨好。

可我总觉得在外面受的委屈需要找到一个途径发泄，这时候我找到了父母。

心理学上说，人有一些内在不可见的想法，这被称作潜在信念。

我们在潜在信念里认为，在社会上我们要为自己的所作所为负全部责任。而父母就像海绵，只要不吸纳到极限，他们会将子女的一切照单全收。

曾经看过台湾童星杨小黎的一次访谈，她说小时候拍哭戏，刚开始导演们都告诉他“你要是再不哭，妈妈就丢下你走了”。但这招越到后面越没有用处，因为她发现每次都说要走的妈妈，总是偷偷在旁边帮她拍照。

聪明的孩子从小就知道，父母说了两百遍的“你要再哭，我就让大灰狼把你抓走”是永远不会实现的谎言。倘若真的有大灰狼到来，他们只会挡在最前面。

洞察了父母的软肋，忍不住恃宠而骄地撒泼任性。用妥协的眼光看世界，却用挑剔的眼光看父母，大概是天下为人子女者的通病吧。

我妈总是说，很抱歉，没能帮助你什么，因为我也是第一次为人父母。

可是妈妈，请原谅，我也是生来第一次为人子女。

淡淡地开心，淡淡地期待明天

✽艾小羊

01

一个心理学大神朋友，喜欢拿自己的心理学知识跟大家恶作剧，冷不丁就会挖一些坑给我们这些无辜群众。

比如一起玩得好好的，她会忽然问我“你开心吗”。

我吓一跳，心想这人有毛病吧，因为我极少考虑开不开心这件事儿，我可能想“理想”都比想“开心”多。

朋友说：“那你应该是个蛮开心的人。”

我啊了一声，表示不解。

“缺什么想什么。不开心的人都对开心有执念，每天恨不得问自己800次，我开心吗，我为啥不开心，我怎么才能开心起来。问来问去，开心就成了世界上最神秘的情绪，高不可攀，遥不可及，而他的自我也在这种追问中变得无限膨胀。无法忘我，就更难开心了。”

她的话让我琢磨了好长时间，带着这种琢磨去观察生活，观察自己以及周围的人，我发现人生的确不需要多么开心才能过活。简单一点儿，不用太开心，反倒可能开心会多一点儿。

所有的目标都会把生活复杂化，如果这个目标是吃穿用度、为人类做贡献，复杂就复杂吧，忍了。

但如果这个目标是开心，则无必要。因为烦恼与开心如同我们的呼吸，花花草草都还闹点小脾气呢，与其总想操控情绪，不如顺势而为，将自己投入具体的生活，活得舒服一点儿，就是开心。

02

我以前交往过一个诗人朋友，很深沉的那种，他当时挺有人气，我还是个写作方面的小透明，他主动接近我，我好像也没啥拒绝的理由。

有一次大家出去玩，晚餐吃了特别好吃的土鸡，土鸡的鸡爪很瘦，但经得起咀嚼，越咀嚼越香。因为大家都嫌鸡爪没肉，两只爪子都到我碗里了。我就认真地啃鸡爪，可能啃得太香，脸上的表情没收住。

诗人感叹，说："咋两个鸡爪能把你啃得嘴巴都快咧到耳边了？"

我当时还挺难为情的。那时候年轻，有点在乎别人的看法，琢磨着可能这种不自然流露出的吃货本能显得不太有见识，像没吃过鸡肉似的……

后来听别人说，那个诗人主动跟我这个小透明交往，就是觉得我总是很开心。他好奇，因为他总是不开心。于是我也对他好奇起来，熟识以后问他为什么不开心。他反问："你觉得这世界上有什么特别值得开心的事儿吗？"

这一下把我问住了。

特别值得开心的事儿，古人恐怕早就总结过：久旱逢甘霖、他乡遇故知、金榜题名时、洞房花烛夜。

但严格意义上，这叫大喜，或可遇不可求，或要历经千辛万苦方可得，甚至大喜大悲、福祸相随。开心不是大喜，它是每天的生活，特别让人开心的事儿我不大能说出来，就像我也说不出特别让人不开心的事儿。

开心是一种日常，一旦加上"特别"这个定语，就成了一种目标，复杂了。

其实人是不需要过于开心的，跌宕起伏的情绪会彼此施与反作用力。就像荡秋千，无论人还是事，能把你推得越高，就能把你砸得越低，甚至都不需要别人砸你，你自己就会立假想敌——一旦你想要一直这么开心下去，平淡的生活就成了你的敌人。

何况人生万变，特别让人开心的人与事，终究也抵不过人变、情变、你变、我变。山峦总会走向平原，浪涛永远拍向海岸。山峦和海涛都上不了天，我们也是。

人的开心，不过一草一木、一饭一蔬。淡淡的，有一点点喜悦就好，甚至都未见得要到"喜悦"这种程度，大体舒服就好。

03

有一天晚上，朋友说："我不开心。"

我说："你赶紧去阳台上看看月亮，今晚的月亮特别亮，温度适宜，桂花还有最后的香气。"

过了一会儿，她发来消息，说："真的啊，今年武汉的秋天真长。"我答："是啊。我最爱的几件风衣已经轮流穿了快一个月，穿得从容不迫。以前都抢着穿，很快就降温穿棉袄了。"

"提醒我了，明早我的西装里面要搭配一件短背心。那个背心以前也总没机会穿，当年买的时候可喜欢了……"

我们有一搭没一搭地聊了一会儿，淡淡地开心，淡淡地互道晚安。

结束聊天的时候，她说要去搞明天上班衣服的搭配，免得早晨时间来不及。我想象她打开衣橱，拿出漂亮的衣服，配好挂在衣帽钩上。因为有了它们，明天变得充满希望，让人有所期待。

这么淡淡地忙着当下，淡淡地期待着明天，就是人生的好时光。

人长大后都要独立，家人和爱才是归宿

✲秦文君

人长大后都要独立，可家和家人却永远是大后方，永远的爱和永远的归宿。

我进中学那年就开始盼望独立，甚至跟母亲提出要在大房间中隔出一方天地，安个门，并在门上贴一张“闲人免进”的纸条。不用说，母亲坚决不同意，她最有力的话就是：我们是一家人。

当时，我在学校的交际圈不小，有位姓毛的圈内女生是个孤女，借居在婶婶家，但不在那儿搭伙，每月拿一笔救济金自己安排。她的那种单身生活很洒脱，常在小吃店买吃的，最主要的是，她有一种自己做主的豪气，这正是我最向往的。

也许我讲述这一切时的表情刺痛了母亲的心，她怪我身在福中不知福，我说为何不让我试试呢？见母亲摇头，我很伤心，干脆静坐示威，饿了一顿。母亲那时对我怀了一种复杂的情感，她认为我有叛逆倾向，所以也狠下心，准备让我碰壁，然后回心转意当个好女儿。当晚，母亲改变初衷，答应让我散伙一个月。我把母亲给我的钱分成30份，有了这个朴素的分配，我想就不会沦为挨饿者。

刚开始那几天，我感觉好极了，买些面包、红肠独自吃着，进餐时还铺上餐巾，捧一本书，就像一个独立的女孩。家人在饭桌上吃饭，时不时地看我，有了好菜，母亲也邀我去尝尝，但我一概婉拒。倒不是不领情，而是怕退一步，就会前功尽弃。

我还和姓毛的女孩一起去小吃店，对面而坐。虽然只是吃一些简单的面食，但周围都是大人，所以感觉到能和成年人平起平坐，心里还是充满自由的快乐。

这样当了半个月单身贵族后，我忽然发现自己与家人没什么关系了。过去大家总在饭桌上说笑，现在这些欢乐消失了，我仿佛只是个寄宿者。有时，我踏进家门，发现家人在饭桌上面面相觑，心里就会愣一愣，仿佛被抛弃了。

天气忽然冷下来，毛姓孤女患了重感冒，我也被传染上了，头昏脑涨，牙还疼个没完没了，出了校门就奔回家。

家人正在灯下聚首，饭桌上是热气腾腾的排骨汤。母亲并不知道我饿着，只顾忙碌着。这时候，我的泪水掉下来，深深地感觉到与亲人有隔阂，自己是何等凄楚。我翻着书，把书竖起来挡着家人的视线，咬着牙，悄悄地吞食着书包里那块隔夜的硬面包，心想：无论如何得挨过这一个月。

可惜，事与愿违，因为一件特殊的事，离一个月还剩三天，我身无分文了。我想向那孤女朋友借钱，但她因为饥一顿，饱一顿，胃出了毛病，都没来学校。我只能开口向母亲借三天伙食费。可她对这一切保持沉默，只是冷冷地看我。

被母亲拒绝是个周末，早晨我就断了炊，喝了点开水，中午时，感觉双膝发软。那时的周末，中午就放假了，我没有理由不回家。当我在街上闻到食物的香味，更觉得饥肠辘辘。推开房门，我不由大吃一惊，母亲没去上班，正一碗一碗地往桌上端菜，家里香气四溢，仿佛要请什么贵宾。

母亲在我以往坐的位置上放了一副筷子，示意我可以坐到桌边吃饭。我犹豫着，感觉到这样一来自己就成了可笑的话柄。母亲没有强拉，悄悄地递给我一块面包，说：“你不愿意破例，就吃面包吧，只是别饿坏了。”

我接过面包，手无力地颤抖着，心里涌动着一种酸楚的感觉，不禁想起母亲常说的话：“我们是一家人。”那句话刻骨铭心，永世难忘。

事后我才知道，母亲那天没心思上班，请假在家，要帮助她的孩子走出困境。

当晚，一家人又在灯下共进晚餐，与亲人同心同德，就如沐浴在阳光下，松弛而又温暖。

如今，我早已真正另立门户，可我时常会走很远的路回到母亲的身边，一家人围坐在灯下吃一顿，饭菜虽朴素但心中充满温情，就因为我们是一家人。

人长大后都要独立，可家和家人却永远是大后方，永远的爱和永远的归宿。

最后一只萤火虫

✽ 卢思浩

很久以前，我觉得家门口街道的最西边，一定是世界的尽头。因为所有的车开到那里后会转一个弯，从此再也没有出现过；也因为太阳总是从小镇的最东边升起，再从最西边落下。天黑以后我往那边看，一片漆黑，什么都没有。直到有一天，我跟随奶奶去那里拜访她的一个老友。我们走了很远的路，终于到了目的地。之后便是大人的闲聊，我觉得无聊，就跑到外头的田野里玩。玩着玩着，我开始往田野深处跑。奶奶远远地对我喊："不要跑太远。"我也喊着回应："知道了。"

那天我在田野里走的时候，正是黄昏，我忽然发现天原来是慢慢变黑的。天变黑的过程，其实是蓝色变深的过程，浅蓝色先是变成深蓝色，深蓝色又变成藏青色，最后才会变黑。太阳也不是一下子就落下的，它在下山前会在空中停留一会儿，像是恋恋不舍，等到不得不走的时候，才会一下躲到地平线下面。即使它已经悄悄地走了，也会留下很久的余晖，把天空染得通红。我就是在太阳落下后的余晖中，看到了一只小小的萤火虫。

我发现它的时候，它离我很近，一闪一闪地发着绿光。这是我第一次看到萤火虫，兴奋地大喊。没想到这一喊让萤火虫发现了我的存在，等我回过神，它已经飞到了我的前头，闪着的绿光变得忽明忽暗，若隐若现。

于是我三步并作两步往前赶，可萤火虫比我想象的聪明，我往前跑两步，它就往前飞两步。我手向前一挥，总是差那么一步，加上白天走的路实在太多，这时候我已经气喘吁吁。萤火虫似乎意识到了我的疲惫，突然飞了起来，在我眼前绕了两个圈，又转身飞走了。它飞走时，我觉得那绿光变得很强烈，很刺眼，像是直接印在了我的脑海里。我伸出了手，最后想要抓住它，却只是扑了个空。

我回去的时候，满脸是泥。奶奶边笑边问我："怎么搞成这个样子？"

我说："都是为了抓萤火虫。"

她说："萤火虫？我都好久没看到萤火虫啦。"

这句话顿时让我泄了气，我见到了那么珍贵的萤火虫，可奶奶却没见到它。

天空渐渐走进暮色，奶奶拉着我回家，我边走边回头看向一片漆黑的田野，心想：下一次一定要抓住那只萤火虫，给所有人都看看。所以从那天起，我就天天缠着奶奶，一定要再来一趟。奶奶也愿意，前前后后带着我又来了好几次。可头几次我都没有看到萤火虫，我心想：肯定是时间不对，于是掐着点，等到太阳落山时，我再走到那片田野里。结局是除搞得满脸是泥以外，我依然一无所获。于是我又想：一定是因为我的步骤不对。我告诉奶奶："下次再来，一定要按照那次的步调走，从两点走到三点半，一分钟都不能差。"奶奶笑着说："傻孙子，哪儿有人可以走路永远一个速度的？"可我不依不饶，终于有一天如愿在三点半赶到了奶奶的老友家。我又在屋前看蚂蚁搬家，看着又到了黄昏的时间，再往田野里走，可我依然没有看到那只萤火虫。

我不知道自己做错了哪一步，于是一遍遍地回忆那天的情景，一遍遍地试图复制那天的行动轨迹。直到第二年的春天，我突然想到了，一定是因为那之后的天气都不对，便缠着奶奶再去一次。这一次我按照记忆里所有的步骤走了一遍，就连天气我都有把握跟那天一模一样，可我走到田野的中间，依然没看到那只萤火虫。

我的童年似乎也随着它的消失离我远去。很多年以后，我告别了那片田野、那条街道，来到北京生活。日子从跟在奶奶身后，变成戴着耳机、坐着地铁奔赴一站又一站，眼前只有一张张闪过的广告牌。可我始终没能忘掉那只萤火虫，它发出过那么灿烂的绿光，像是天上的星星掉了下来，那是我童年里为数不多的闪光，而自那以后，我再也没见过一只萤火虫。

三十岁生日的前一天，我很晚都没有睡着，失眠几乎成了我这段时间的常态。我打开所有灯，走到窗边，忽然有种特别的感受，北京不是我的故乡，可我的故乡也不是现在的故乡。我似乎没办法回到原点，回到回忆里去，我所拥有的东西都是过去式的，而时间又把过去变得面目全非。回过神来，我眼前既无去处，也无来路。这时候我又突然想起了那只萤火虫，打开手机想看看有没有类似的故事，却意外地看到一条关于萤火虫的科普：萤火虫的寿命不长，通常为三到七天，一周左右便会寿终，只有在极少数的情况下才能活十到二十天。

我的大脑突然一片空白，下一秒所有的回忆都涌上心头，画面里是那片我摔过一次又一次的田野。原来我花了一整年的时间，苦苦追寻的那只萤火虫，追寻的那道绿光，从一开始就只能持续一刹那。往后我的所有寻找，竟然都是在寻找一个幻境。我想再次邂逅的那只萤火虫，可能早就消逝在那片田野里了。即使我之后的所有步骤都对，也注定没法再遇到同样的一只萤火虫。我忽然想起它飞走前的那道绿光，那光芒似乎就是在与我告别。

我关掉手机，躺回床上，任由记忆一个接一个找到我。我突然意识到，我回忆里的大多人、大多事，都像这只萤火虫。也只有在将这件往事写下来的此刻，我才能够清晰地看清自己的心情，我终于学会了面对回忆和告别的正确方式。

当我不再执着地复现往事时，往事才因此成了永恒。那只萤火虫成了我的记忆，永远停留在那个黄昏，而这段记忆也成了我前行的燃料。

我已经不再需要去寻找它了。

满天星光一直在

✲ 柴岚绮

小时候我住学校宿舍，平房，每天晚上去院里上卫生间时，总喜欢抬头看星星。屋里的白炽灯泡瓦数低，昏黄暗淡，外面很黑，但越黑越能看清满天的繁星。

仰头看的时候总想着，那上面一定住了好多人，其中一定有一个和我差不多的人吧？

不知从什么时候开始，喜欢听歌词中有“星星”的歌。“满天星光，我不怕风正劲，满心是期望，过黑暗是黎明……啊，星光引路，风之语轻轻听……”谷村新司作曲，邓丽君演唱。

我天生五音不全，敢于让“啊，星光引路”破嗓而出，皆是在没人的时候，鼓起勇气把这几句喊给自己听。

“遥遥晚空，点点星光，息息相关，你我哪怕荆棘铺满路……”，喜欢谭咏麟的这首《朋友》，也是因为这几句歌词。即使眼前的路不好走，但再远星光也会陪伴，且走到哪儿跟到哪儿。每每想到这画面，就觉得不会孤单。

听《夜空中最亮的星》的时候，我的小孩已经长大了，晚上一起散步，我戴着耳机跟着唱——有过类似经历的人都知道，这歌声该是多么扭曲怪异。

对面过来一个晃着肩膀的男青年，也戴着耳机大声唱着这首歌，劈面相逢，双方浑然不知，旁观的小孩觉得好笑又嫌丢人。

到家以后，她把此情此景描述给我，我也觉得好笑。

身为上有老下有小、终日奔波的中年人，我依然喜欢着年轻人喜欢的歌，大概还是因为这几句词：“每当我找不到存在的意义，每当我迷失在黑夜里，夜空中最亮的星，请照亮我前行……”

中年人也需要给自己打气，也需要一颗能清晰照亮方向的不落的星。

小孩读高中的时候，楼下的女孩高考考了全省文科第三名。小孩晚自习回来就急忙拿着本子去取经，回来给我看楼下女孩亲笔写给她的赠语，本子上写着：“天黑透了，才能看到星光。”

万语千言的辛苦都在其中，原来，每个人都需要看到一片小小的星光。

有一晚加班回家迟了，身上披挂着几个袋子，走到我家楼下，习惯性抬头，看到东边一颗星大而亮，却不敢确认，或许是脚手架的灯光？毕竟现在的楼都盖得很高。

从楼上下来接我的小孩站在一旁辨认：“妈妈，那就是星星啊！”

虽然累，还是满怀喜悦地站在那儿默默看了一小会儿，好像在充电。

想到这些，是因为看到歌手谷村新司去世的消息，“啊，星光引路，风之语轻轻听……”那一刻，歌声在脑海里骤然响起，恍惚着又心头一热。

岁月嗖嗖如风，谁在飞速用时间的鼠标拉动四季的进度条？

少年、青年和中年，对待同一件事的心境是完全不一样的，只有经历过才知道。生活依然不轻松，但走在路上还是如年少时一样喜欢抬起头，知道即便云层增厚，那满天的星光也一直都在。

与 自 己 和 解

回头看，轻舟已过万重山

经过与快乐的谈判，与痛苦的和解，
适合你的生活方式，
就是归宿。

——张嘉佳

世界乱，书桌不乱

✽李梦霁

人生书目

回家过年，整理旧书，回想起一句话："一个人的书架就是他的人生目录。"遂将过往每5年为一个阶段，只挑选1本最重要的书，串联成既往的人生轨迹。

10岁前，是《油纸伞》，一本封面书名都磨浅的小书，讲江南水乡，小女孩和奶奶的故事。

我从小和奶奶生活，奶奶是无锡人，看《油纸伞》，像在看自己。

作者说："从小读文学杂志，根本没奢望会在上面看到自己的文字，看到了，生活就变成另一种样子，更美更好的样子。"

彼时懵懂，也想在一本书里看到自己的文字。

仿佛一种遥远的预兆，又或是平行时空下的约定。

花十年，生活终于变成更美好的样子。

10—15岁是《萍踪侠影》。

武侠对我的性格影响很大，尤爱梁羽生。迷恋侠肝义胆的江湖，认定是友，终生为友，不慕显赫，不惧落魄；依性情行事，不愿做的事不做、不愿见的人不见、不愿说的话不说；待人接物难免非黑即白，难以认同所谓“灰色地带”。

15—20岁是《琼瑶全集》。

琼瑶小说塑造了我的爱情观——飞蛾扑火，甘愿赴死。在《聚散两依依》里，男二对女主说：“在你眼中，爱情是神话，我喜欢你，但失去你，我也不会死掉。你希望的男人，是可以为你生、为你死的那种，我不是。”

男主截然不同，他说：“从我们认识到今天、到未来——我反正等在这儿！你能狠心一走，我无法拴住你。但只要你回头望一望，我总等在这儿。”

多年后，男主守诺，等待女主归来。

男二最终离场，对女主说：“你永远是神话里的人物，只能和相信奇迹的人在一起，我们之间没有神话，我也不想把你活埋。”

花季少女，为之痛哭。我从未喜欢过理智的、得体的男二，只沉醉于山崩地裂、生死相依的爱情。相信神话，拥有爱的能力，即便受伤，永不疲倦。

20—25岁，是《老人与海》，青年时期读海明威，帮我度过人生开局遭遇的全部困境。

风烛残年的老渔夫出海捕鱼，没有粮食、没有武器、没有同伴，花三天两夜，拼命杀死比渔船都大的大马林鱼，打算上岸卖钱。拖回“战利品”途中，遭鲨鱼群袭击，他用鱼叉、桨、舵把一一杀死鲨鱼，但大马林鱼的尸体已被鲨鱼吃光，老人最终只拖回一副鱼骨。

他说：“一个人可以被毁灭，但不可以被打败。”

人生太长，命运无数次想要击垮我们，让我们放弃斗志、放弃尊严。

升学、择业、择偶、生子，一个又一个十字路口，你敢不敢选自己想走的路？

失利、失恋、失业、失婚，是躺平沉沦、自暴自弃，还是愈挫愈勇、直面苦难？

真如渔夫，垂垂老矣时，依然敢与鲨鱼掰一掰手腕，知不可为而奋勇为之，此生大约无憾。

25—30岁是茨威格的《三大师传》，我第一次知道，传记可以这样写，它深刻影响了我的人物创作。回首往事，我发现自己，正在逐渐靠近那些钟爱的“书中人”。这是文化潜移默化的能量。

读书，可以塑造一个人性格的底色。

在这个年代，我们看同样的电影、直播、短视频，互联网把人与人的距离拉得很近，也把我们变成同质的、千篇一律的面孔。所以你读过的书里，几乎藏着你所有“独特”的气质。想成为怎样的人，就去读怎样的书。

谋道不谋食

我刚做公众号时，关心阅读量，为此深深焦虑。追过热点，当过“标题党”，涨粉挺快。但黏度不高，大多是被标题忽悠过来的路人，稍有怠惰，迅速掉粉。

兼职写作，保持日更，搞得筋疲力尽。广告费微薄，却让写作不再是快乐的事。

某天读书，忽然看到：“君子谋道不谋食。”

醍醐灌顶，豁然开朗。

从小背《论语》，却没有真正领悟这句话。

对写作而言，内容是“道”，广告费是“食”，追求更多粉丝数、更高广告费而放弃打磨内容，是舍本逐末，非君子所为。

于是，我不再关心阅读量，转而关注每一篇文字，是否表达了最真诚的情感，能否对读者有一点点启发。

不求日更，只在渴望表达、有料分享时才发文，粉丝数和阅读量却稳定下来，不算高，但我很满意。这一两年不大接广告了，物欲稀薄，主业收入够花，写作变成更纯粹的事。

读书可以改变认知，而认知的改变，可以带来幸福。

职场中人不幸福，因为很多时候，我们都在“谋食”。如果不把一份事业，当成简单的“打工”，而是追求真正做好一件事，可能就不会那么辛苦。

君子谋道，能使我们从枯燥的工作中，获得踏踏实实的幸福感和成就感。人生的意义，本就不是比较，而是完成。

大道不器

我中学的校训是：大道不器。

出自孔子，原句是“君子不器”，用今天的话来说就是，不当只有单一用途的“工具人”，要主动思考，做复合型人才。

千百年后，它依然具有时代意义。

世事无常，风云变幻，如果我们只会做一件事，路会越走越窄。

以出版社为例。疫情防控期间，一些编辑迅速转型，做直播，利用全民居家的契机，因为好口才分一杯羹，图书销量反而增长。往能力范围之外多探出的每一小步，都有可能成为你幸存乃至获利的方法。

看过一期樊登的视频，他提到“无限玩家”，是现代版本的“君子不器”。

他说，苏东坡一生被贬谪、被流放，在官场这个“有限游戏”中早就 game over，但他没有被困住，而是变身“无限玩家”——

贬去黄州，发现黄州好猪肉；贬去惠州，“日啖荔枝三百颗”；贬去海南，发明了烤生蚝。成为当之无愧的美食家。

写诗，留下“不识庐山真面目”的千古名句；

写词，属开豪放一派，与辛弃疾并称“苏辛”；

写文，名列“唐宋八大家”。

善书法，是“宋四家”之一，精于“文人画”，还对医药、水利颇有贡献。

彼时青云直上的朝臣都被历史遗忘，苏东坡却流芳百世。

不局限于成为某种狭隘的“器皿”，保持好奇，拓宽边界，哪怕在世俗这场游戏中早早出局，也有自己的立身之本。

这样的人，永远不怕“中年危机”。

读书，为我们每个人在大变革的时代，提供了一种活法，一种思路。教会我用“谋道”的眼光看待世界，用“不器”的方法付诸实践。

我们正在经历的，前人早已给出答案。使焦虑变成必然的，不是时代，是无知。

我们都曾热泪盈眶，我们终将铁石心肠

✲ 晏凌羊

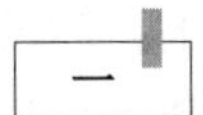

一

我心目中最好的一支乐队是 Beyond，我觉得他们是香港乐坛无可复制的奇迹和神话，但是，单就歌手来说，我最喜欢的是许巍，然后是朴树。

第一次听到朴树唱《白桦林》的时候，我十六岁，正在上高二。我们把这首歌的歌词写在纸上，然后让会唱的同学在课间教我们唱。那一年，学校举行新春合唱会，同年级有一个班的同学合唱的就是这首歌曲。心中想着这个凄美的故事，然后，从中学习爱情。那会儿，朴树出的专辑还是卡带。同学有一张卡带，被同学们借来借去，最后卡面都磨损了。

十七八岁时，我谈过一场柏拉图式异地恋。那时我已经上大学，但还没有买手机。当时电话费挺贵的，所以大多数时间里，我们都用书信传情。每次收到他来信，都感觉像在过节。他没什么文采，就在书信里大段大段抄 Beyond 和许巍的歌词送给我。他的字写得很难看，但每次收到他的信，我都会看很多遍。后来，这段只牵过手的恋爱稀里糊涂结束了。

那年放暑假，我去他的学校见他。到了原本约好的时间，他却迟迟不出现。我在他宿舍门口等了两个钟头，忽然觉得没耐心了，然后就头也不回地走了。后来，他跟我说：当他回到宿舍发现我已经不在了的时候，他觉得他要永远失去我了。

因为爱得浅尝辄止，告别时也丝毫不觉痛苦。我真心完全不记得当时跟他分手是怎样的情形了。我只记得，我曾跟他一起逛过古城，我们手挽手走在古城的街道上，街道两旁工艺品店播放的正是许巍的歌。我只记得他曾经在电话那头拨弄着吉他，轻轻哼唱许巍的歌给我听。只记得我们一起去公园，他看到夕阳照在我脸上，呆呆地看了我半晌，然后说了一句许巍唱过的歌词：“你站在夕阳下面，容颜娇艳。”

二

2002年，许巍的第三张专辑《时光·漫步》推出。那一年，我读大二。好友把这张专辑拿给我听，我一听就爱上了。

好友借我的这张专辑，还是卡带。卡带封面上的许巍留着短发，看得出来那张照片是仰拍的，因此显得他有点卓尔不群，但笑得很干净很温暖。

在大学里，我度过了自己二十岁的生日，并认识了一个男孩。最开始的我们不是恋人，只是在一起听音乐。将近有一个月的时间，我几乎每天都会和他聊得很晚，而陪伴着我们最多的，就是许巍的歌。

我没钱买电脑，也不大有钱去上网，最大的消遣便是床头那台硕大的录音机、CD机、收音机一体机。室友每次看到我提着它去洗衣服或晒太阳，就笑话我："感觉你像是端着个脸盆。"

一体机里播放的音乐，百分之九十以上是那个男孩推荐的。我们几乎对许巍的每一句歌词、每一个音符都烂熟于心。因为都喜欢听许巍，于是，我们越走越近。那时候，我们都觉得时间多得要命，而手里的钱少得可怜。我们去天桥上买许巍的CD，都只舍得花钱买五元一张的盗版碟。

当时，我们学校还没有建那么多的高楼，校园里的树比楼多，而且，还没有被合并。学校广播里，播放得最多的便是许巍、朴树的歌。在《生如夏花》那张专辑里，朴树在歌里唱："真甜蜜啊，我爱你到永远。"但是这句歌词还有下一句："可哪儿有什么永远。"

后来，当我开始有了能支付许巍演唱会门票的闲钱，开始感到时间有点不够用的时候，那个曾和我一起听许巍的男孩也离我而去了。

当时我脑子里只有一个念头："我很不好吗？他为什么要跟我分手？"那几天，我休假去了趟北京，就是为了回我们相爱过的地方看看。大学室友蕾当时还在北京读研究生，听说我来了，陪我逛了半天的胡同，请我吃了烤鸭。

进胡同之前，有一家店铺在做活动，送了我们每人一只气球。几乎是同一时间，我们俩吟唱起朴树唱的《旅途》那首歌来，那是蕾最喜欢的朴树的一首歌，那首歌的第一句歌词是"我梦到一个孩子，在路边的花园哭泣，昨天飞走了心爱的气球"。唱完，我们互相被对方脸上熟悉的笑容钉在原地，动弹不得。当晚，她陪我住在胡同里，次日我们又各自奔赴自己的生活。

那会儿的我们，都还很青葱，都曾奋不顾身地为了姐妹出头去收拾欺负她的男人，也曾因为错爱一个人而遍体鳞伤。我们路过很多人，感受过温暖，承受过背叛，曾经潇洒得意，后来狼狈不堪。

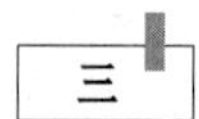

三

失恋后，有一阵子，我活得像一具行尸走肉，一听到那些熟悉的歌声和旋律就落泪。再之后，我在择偶条件中加了一条"在音乐上的喜好和我相同"。只是，当那个我认为对的人出现的时候，这个择偶门槛早已被我忘在了九霄云外。我后来嫁的那个人，兴趣爱好和我差了十万八千里。

三十岁以后的人生，好像过得特别快。时间像是洪流一样，裹挟着我奔向前方。

觉察到青春散场之后，我慢慢变得稳重和成熟。我开始明白一件事：世间没有幸福，但可以有自由与宁静。回头看看，身边的每一个人在过去的十几年间，都经历了不少事情。每个人都有过挣扎，有过痛苦，每个人都活得好卑微甚至是卑贱，都像是正努力从一个又一个的大坑里爬上来。

每个人都不容易，每个人都在努力，并不是只有我自己满腹委屈。我常常在想：我们要走过多少路，才能成为真正的成年人？

现在，我偶尔也会听听我喜欢过的歌手的歌，写作的时候，开车的时候，旅行的时候。有空的时候，我还会去听他们的演唱会。

歌里的许巍，从一个忧郁愤懑的青年变成一个静看缘聚缘散的中年人；舞台上的朴树，依然保留有一股子少年气。听的时候，我也想起过去的一些人，一些事，然后会心一笑，无悲无喜。

一个朋友说："从没觉得他们是偶像，只当他们是兄弟，当他们是一路走来的朋友。"我也是这样的。他们的歌，曾经在已逝的那些岁月里扮演过那么重要的角色。我幸福时听过，悲伤时听过，开心时听过，痛苦时也听过……然后，每首歌都承载了沉甸甸的回忆。

有些情绪，身边的人未必懂得，但你听过的那些歌懂得，或者，你可以认为它们懂得。那些纯真的日子，那些逝去的简单的快乐，羞怯与欢喜，茫然与痛苦，都在那些歌声里了。听着那些熟悉的旋律，我心里常常会闪过一句话："我们都曾热泪盈眶，我们终将铁石心肠。"

谁的心不曾脆弱得不堪一击，柔软得像一块豆腐？谁不曾青涩懵懂，动不动就热泪盈眶？但是，一路跌跌撞撞地走过来，我们都曾被这个世界里所谓的成熟、规则、现实狠狠伤害过，随后，我们开始学聪明，开始变得理智、冷漠、自制、铁石心肠。

如果我们不铁石心肠，现实就会对我们铁石心肠。我以为你刀枪不入，你觉得我百毒不侵。我们都只有在听到年轻时听过的那些熟悉旋律时，才能回忆起那个空有一腔柔情和孤勇的少年。

成长和成熟终究是一件又温暖又残酷的事，那么，我们没变成自己当初所讨厌的人便已经很好了。

四

我想，每个人，或多或少都经历过一些回头说起来或难堪或骄傲的事情吧。只是，我不知道你们会不会也有这么伤感的时刻：当你平静地回忆起某段往事，然后有那么一瞬间，你会惊叹时间怎么过得这么快。那些事情，好像还只是发生在昨天，但我们身边每一个人都老去了，而我们，再也不可能和以前一样放肆和任性。我们早已经不是过去那个遭遇点疼痛就悲伤大哭的小姑娘了。

长大了的我们，骨头变硬了，心却变软变大了。即使更大的悲伤装进去，也照样可以冷漠地离开，平静地遗忘。你甚至慢慢明白，你何时该耀眼，何时该淡然，何时该犀利，何时该温婉。前路漫漫，你我终将长大，老去，再无须别人提醒寒来加衣、雨来带伞。

青春已逝，有些花开了又谢，有些缘起了又灭。人生如云，本就蕴含着万千变化，云起时汹涌澎湃，云落时落寞舒缓，都是常事。

想到我曾和你并肩走向夕阳，曾跟你一起承担过艰难，曾跟你有过泣立相拥的时光，曾在午夜梦回时钻进你的臂弯，就会觉得：管它山高水长，管它城远大漠荒，我们曾痛快活过、真心爱过，便已经足够。

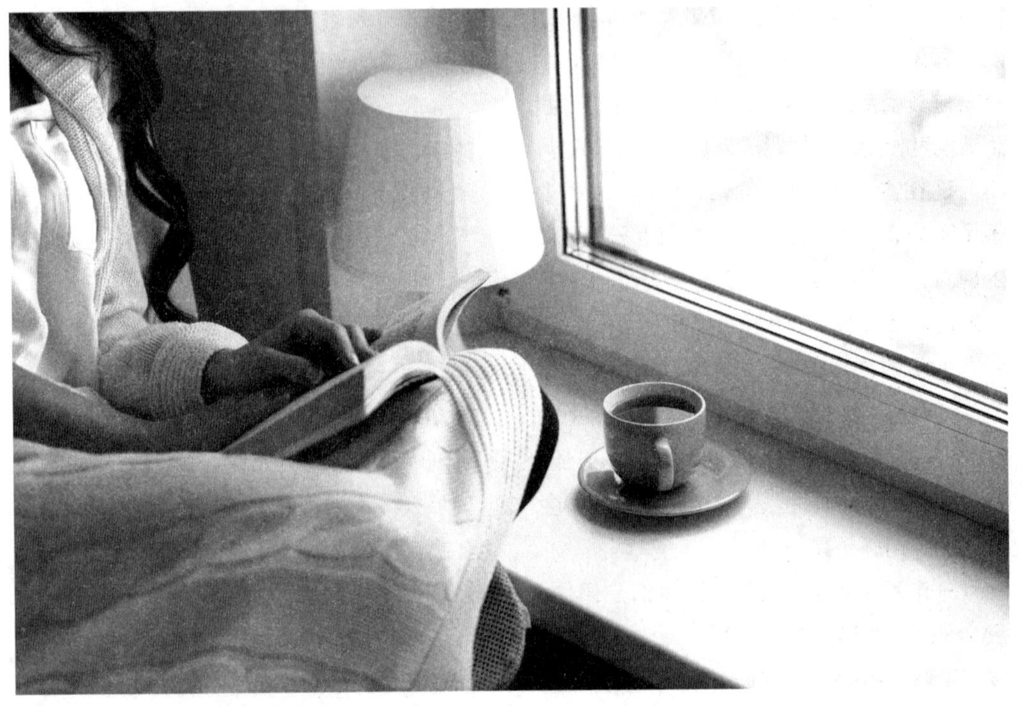

一个人，也是移动的家

✲昔央

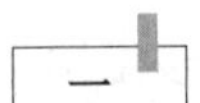

我们一家人是从县城涌入大城市的“流动人口”，所以，从小到大，我家一直在搬家，今天在这里住得好好的，明天可能突然换一个地方。最夸张的一次，冬夜凌晨三点被人从温暖的被窝里揪起来，在极短的时间内快速收拾随身物品，离开生活了一段时日的房子，因为，房子第二天要拆了。

由于我们一直频繁变动住所，母亲几乎不太往家里添置新东西。所以，餐桌不是我们的，凳子不是我们的，冰箱不是我们的，柜子不是我们的……等到下次再挪窝时，生命中没有什么需要连根拔起的东西，我们负责将自己收拾好打包带走即可。

印象最深的一次，是母亲煮了一砂锅的皮蛋瘦肉粥，端进客厅的第一反应是让父亲将湿毛巾铺在餐桌上，因为怕烫坏了房东的破木桌要赔偿，霎时间，全家有了片刻的静默。

我住过的房子，十个手指头是铁定数不过来的，“迁徙”对我而言毫无浪漫色彩可言。大雁南飞，我不会觉得浪漫，我只替大雁觉得辛苦。

小说《82年生的金智英》里这样描述金智英的生活："因为是家中的小女儿，要把单间让给弟弟，于是一整个青春时期只能和姐姐挤在同一个房间。"这句话我记忆很深，因为我虽是独女，但很长一段时间，也没有属于自己的独立空间。卧室内，一块帘幔隔开，便是两个空间；又或是，我和妈妈挤一张床，爸爸睡在客厅的沙发上。

久而久之，我形成了一种执念：一个人，要先拥有一间属于自己的房间，才有可能拥有真正属于自己的家。哪怕这个"家"只是租来的，也是一枚小小的蛋壳，虽然脆弱易碎，但一定可以对里头的幼雏起到保护作用。

我真正拥有第一间属于自己的房间是在十六岁那年冬天，我与父母大吵一架负气出走，在长沙岳麓山脚下，租下了宾馆里最便宜的一间房。房间几平方米，一进门就是床，也只有床。在那里，我度过了人生中第一个属于自己的春节，年夜饭是KFC全家桶，因为过春节，店长多送了我一对鸡腿。

此后，上大学、工作、旅行……我一直辗转在各个出租屋和青年旅社里。在外漂泊的日子正式开启后，我更加热衷旅行，在一个个陌生而又喧闹的小旅馆里，我睡得更加香甜。

曾不止一次被人问，一个女孩为什么这么爱折腾？为什么就是不肯稳定下来呢？不累吗？其实，在我心里，我是没有家的。一个女孩要是觉得自己没有家，她就永远不会想停下来。

二

我在北京有过5个"家"。

《蜗牛的家》的歌词"在人来人往的拥挤街道，浪迹天涯"，就是我生活最真实的写照。

第一个"家"位于CBD附近的选角酒店。因为没钱租房子，在朋友剧组的酒店房间蹭住，她每天忙于拍戏，天亮了才能回来休息，上午十一点还没过，就又背起设备匆匆出门。在那个小小的"家"里，我度过了北漂后的第一个生日。

生日那天的零点时分，我拆开酒店床头的桶装泡面，那是一桶售价4.8元的海鲜面，里边有切得细细碎碎的鱿鱼和蟹棒，我安慰自己：初来乍到，也算是在北京寸土寸金的CBD里尝过海鲜的滋味了。

那部戏拍完后，我搬进了双井的群租房，这算是第二个"家"了，房东是一位嗓门洪亮的东北大姐，房子地理位置不错，出门就是公交，打车到工作地只需12元。

群租房由一个三室一厅改造而来，除了各个卧室放满上下铺的床架子，客厅里还陈列着一排排的单人床。第一次去看房，有一种去医院探病的恍惚感：每个住户用一块小小的帘幔将自己的床铺围拢起来，唠嗑、打游戏、削苹果，小小的空间里，风生水起，但毫无私密可言。

房子里卫生间的门锁是坏的，洗澡洗到一半，总会有人突然冲进来解决"三急"。而且每天都有人在吵架，什么洗衣机不可以洗袜子、今天该由谁来倒垃圾、快递统一放在哪个位置、谁又没有冲马桶等等鸡零狗碎的小事，每次，都是以房东的嘶吼告终，她那句“谁再不听话可以滚，押金不退”，让天地刹那间悄无声息。

第三个“家”是合租。室友是秦皇岛人，为出国留学来北京学德语。我们一人出资1000元，搬进了百子湾的一间小次卧。次卧里摆上一个上下铺，一个相对独立的空间便产生了。平日里，我们窝在小餐桌上煮火锅，偶尔也小酌。

在这间小房子里，我正式开启了第一部书稿的写作，每个深夜，伴随着室友轻微的呼吸声，我缩在沙发上写作，也是在那个时候，我逐渐失去了我的睡眠。剧组生活黑白颠倒，同屋的其他伙伴都是朝九晚五的上班族，每天，我收工回来准备睡觉的时间，正是大家洗漱准备上班的时间，屋外洗手间里洗漱的声音阵阵传来，我只能戴上耳塞。

三

在北京，要想拥有相对独立的空间，势必要从市中心一点点往郊区挪动，第四个“家”便在八通线上。沿着八通线一直往南开，就是河北廊坊。

我执拗地认定，房间是生活的起点和终点，努力让房间变得更好，就是我的生活向好的第一步。

搬进新居时，是温暖干燥的秋天，我购置了毛茸茸的地毯、欧式桌布，和一盏暖黄色的小夜灯。阳台飘窗上，是四季常青的绿色植物，餐桌上摆放着鲜花。接着，养猫、置办投影仪……为了让自己稳定下来，我给自己增添了许多实实在在的羁绊。

但真正让我产生“家”的羁绊感的，还是周围的“人”。

小区一梯四户，住对面的是一家三口，每晚八点，《欢乐颂》的钢琴曲准点响起，那家女孩在练琴，那家的妈妈，给我送过新鲜的青菜，表达不得不“扰民”的歉意。还有一户是做中学老师的中年男子，他最大的爱好是收藏古籍，周末的正午，常能看到他在阳台晒书，在他的引荐下，我读了不少好书。

再有一户是位独居奶奶，姓王，常着一身古朴又考究的花色裙子，裙子长过脚踝，为了避免粘上灰，小心翼翼拎起裙摆走，年纪大了，吭哧吭哧，一步一步像要用力把楼梯凿出洞来，那阵仗恰似一个英姿飒爽的王妃。我偶尔会帮她把门口的垃圾带下去扔掉，她早上买菜碰到我出门，会边摆手边给我让路：“快赶地铁，晚了该没座了。”一来一回的问候，让我悄悄生出家人般的亲切感。

后来，我搬进第五个“家”时，这三户邻居都来送别，大家帮着我把家当一件一件往货车上搬，说怪舍不得的，我说我也是。东西搬完后，我坐上车，他们一直挥着手送别，目送我远去，直到车开到拐角，转过弯，他们的身影才彻底消失在视线里。

台湾作家甘耀明常说一个叫“小魔”的词儿，代表人生邂逅的小惊喜、小贵人，我想这群邻居就是我生命中的“小魔”吧，有了他们的存在，我心中对家，开始有了一个丰盈、柔软、可追忆的具象。

十八岁的海

✲方和斐

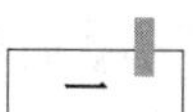

一

每当想起十八岁最后一个月的情形，我总能立刻联想到海岸山脉的那个傍晚——沙滩上遍布白色的珊瑚颗粒，海水像透明的果冻，闪耀着粉红色的霞光。身边有几位朋友在拍照，他们夸张地摆着姿势，踩起晶莹的水花。

那时我在台湾支教，作为两岸青年文化交流的一部分。我们在太鲁阁的一个车站下了车。在台湾经济发展最为迅速的时期，这里仍是偏僻的一隅。坐上村民的摩托后座，在乡间路上颠簸一会儿，就到了校舍。学校有数排二层楼，一栋栋立在一大片稻田中间，墙壁漆成了黄色，像一座座软绵绵的麦垛。

学校里的学生大部分都是当地山村的孩子，他们肤色很深，头发乌黑，眼睛亮晶晶的。虽然都来自山区，但他们的习俗和语言都不大一样。

我在这里认识了小伊。她是我负责班级的班长，一笑露出两颗虎牙。中午，我们围坐在空地上吃盒饭，她教给我如何用她们那里的话说“老师好”。

旁边的小豪露出头来插嘴："老师，小伊可是词汇大赛第一名哪！"他向来调皮捣蛋，总也坐不住。

"自己的家乡话，还要背单词吗？"我纳闷道。

"对啊，平时只有阿公阿嬷他们讲，我们不太讲，所以要背呀……"

"那你们和阿公阿嬷怎么交流呢？"

"靠爸爸妈妈来帮忙翻译呀！"她疑惑地回答，好像我问了一个蠢问题。

我和另一位来自复旦大学的支教老师阿敏一样，都觉得小伊是个很好的学生。她漂亮、成熟，学习一点就透，所有同学都服从她的指挥，她的心思甚至比我们这些"小老师"还要缜密。阿敏有一次告诉我，小伊的体育成绩也很好，常常在当地的运动会上拿奖。

小豪则正好相反。他平时没个正形儿，不是下课时拉扯着同学打闹，就是上课时在下面插话起哄。听说学校的老师都管不住他，我更拿他没办法。只有阿豪能镇住他。

阿豪是支教队伍里的体育老师，在一所有名的体校里主修篮球。阿豪借着名字相似的由头，选小豪做他的助手。每次一上课，我就看到小豪忙活着搬运动器材、整顿队伍，好不热闹。

"你们要多关注小豪这样的学生。"我们的带队老师阿虎有一次和我们说。他在当地的师范大学工作，已经帮扶这所学校多年。"这里很多小孩的父母都在外地工作，小孩留守在家，所以在学校惹祸，寻求关注。"

突然，我想通了什么。小伊的爸爸妈妈都在当地种水稻，她有个完整而幸福的家庭。

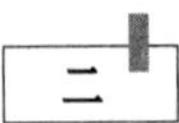

二

我负责带天文兴趣课。这里的孩子和大自然接触得多，回答问题特别踊跃，他们甚至对星星的颜色有深刻的印象。按照波特尔暗空分类法，观察这种现象必须处在光污染极低的黑暗环境中。

我们这些支教老师就生活在校园里，在家政教室和运动馆里做饭、洗澡。一次煮饭的空隙，我问阿虎，有多少学生能考上大学。

"这里最缺的是教育资源，没有好老师。"他指指窗外光荣榜上挂的喜报，"这些都是职业学校。"

"没有人能上好大学？"

"基本没有。"

我和阿敏面面相觑。我们都觉得，班上有些孩子比当年的我们更加优秀。

每隔几天，我们就去一次乡里的夜市。相比台北的商品、小吃琳琅满目的繁华集市，这里的夜市上摊位少得可怜，几步就走到头了。阿敏和阿豪聚在一个摊位旁看人射气球赢玩具，我点了一份小吃。

"你的中学生活是什么样子的？"站在吱吱作响的煎锅旁，阿虎问我。

我说和这里有些相似。我住的地方算是"偏乡"，是在大陆北方的海岸城市。那里的海浪是灰绿色的，拍打着岸边暗赭色的礁石，剥着藤壶的残壳。学业不顺利的时候，我的朋友们会去海边徘徊，听成群的海鸥鸣叫。

“不同的是，我们中学是寄宿制，早上五点半就要起床，冬天的时候还满天星星。”我笑道。

阿虎说：“那时候，你也觉得自己的生活背景很特别吗？”

我望着盘子里的牡蛎出神。我好像从未这样想过。和我教的这些孩子一样，我十八岁以前的熟人家中有务农的，也有留守的、单亲的。但在潜意识里，我以为那都是一起起个例，并不是因为我生活的“世界”不同。我单纯地向上努力，努力参加中考、高考……我没有思考过，我之所以走到现在，会是因为我所处的环境。

我的文化身份是什么？我的地方传承也在丢失吗？我意识到，自己从未抽离地回头看待自己的生活，更未将所谓的生活背景看作是“我”的一部分。

离开学校的那天清晨，在海边的车站，我们远远看到了一群抬着巨大布偶缓缓挪动的身影，那是小豪和同学们。小豪知道阿豪老师要走了，便召集同学们在前一天晚上去了夜市，利用从小最为熟悉的弓箭，在射气球游戏上赢了一个两米多高的布偶。

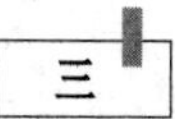

三

我们这支临时的教师队伍，只是整个支教团队的一部分。庆功典礼上，去往各个偏乡的队伍齐聚在台北一个金碧辉煌的大厅里。一位成就卓著的慈善家进行致辞，唯有一句我记得真切：“大家的成就，不是让偏乡的孩子开多少眼界，不是让他们对自己的生活自卑，而是带给他们新的思考方式，让他们能更好地接纳自己，融入自己的背景和生活……”

我看着台下盛装参加典礼的支教老师，他们大多是大学生。有的人举止得体，一看就出身于优渥环境；有的人谨小慎微，极珍惜坐在这里的机会。我们何尝不也处在一场更宏大的“被支教”活动中呢？有多少人意识到了自己所处的现实，想清楚了自己未来应该奔向怎样的生活？

距离那次支教已经过去了多年。如今，阿敏做了公务员，在婚姻登记处给人盖章；阿豪结了婚，成了一名培训老师；阿虎离职了，成了一名自由社工；我仍然在南京、北京到处忙碌，和各国的人打着交道；而那批孩子中考得最好的一位，上了一所很普通的大学。

后来，我读到项飙说许多人在“悬浮”，许多人都在追求一个更好的明天，但不清楚那个更好的明天具体是什么样的。他们唯一肯定的是，今天的生活不太值得过。所以，他们对现在进行否定，无法真正介入到现实中去。

在十八岁的末尾，我在教育别人的过程中，也上了自己人生的一课。这一课在过去的十八年里，从未有人教授给我。

我也不想悬浮于当下的世界，环境是一把真切的刻刀。

满意人生

✲张皓宸

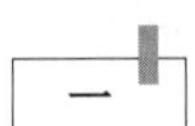

一

我更喜欢用“满意”来形容人生，它是一种向内的问询。

十八岁的成人礼上，有位市里来的心理专家，让我们想象一个关于未来生活的画面，我印象颇深。

那段时间，所有人沉溺在油墨味的试卷里，头上的老风扇闷闷不乐地转着，斑驳的墙壁酝酿着一场告别，那个蝉鸣的夏天特别漫长。我站在队伍中间，用力吸紧被太多滋补高汤撑大的肚皮，紧闭双眼，幻想了好长一段时间的未来。

我天生是个幻想能力极强的人。作为楼下影碟出租店的常客，那时候TVB的电视剧四十分钟一集，播完取出碟片，我傻坐在地上，再脑补四十分钟的番外。小学学画画，听闻画室的学姐收到了霍格沃茨的来信，上过一年的魔法学校，当晚我拽着棉被一角，诚惶诚恐地盯着自家窗户，试图迎接那只不请自来的猫头鹰。天花板上的树影招摇，不经意一瞥，似撞见摄魂怪，整宿不敢合眼。

上课永远有办法消磨时间。想象自己

是被选中的超能力者，上天入地教训突袭的怪兽，或是用铅笔在桌上画漫画，画完一幕擦一幕，橡皮屑散落在座位四周，如同布了结界。有一次上课老师忍不住问我："你到底一个劲儿在擦什么？"我说："老师，桌子它……脏啊。"那时我还不懂洁癖这个词，否则说出来应该很前卫。

在自家卧室里度过漫长自习的方式，一种是坚持过家家的玩法，用玩具和手办导演剧情，还有一种，耳机里偷偷放着音乐，我自己对口型演绎 MV。枯燥的学习生活再是一潭死水，也经不起我在岸边扔石头打破平静。青春总是忙碌，都比温书用功。

学生时代的我，不擅交友，日常交流的对象，基本就以课桌为圆心，前后左右的那几个同学。

直到此刻，生命中没留下太多保持联络的老同学，不觉得遗憾，唯一能让我偶感空落的，是明明每个人都有的青春，轮到我锚点时，精彩的回忆站得老远，根本定位不到我心里的海。

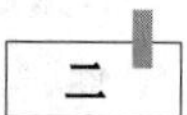

二

成了作家之后，有了世俗定义的"成功"，经常需要在各种场合回溯自己的成长路。除了上述的自娱自乐，其实我不太有显性的文学基因。自小在成都市郊长大，生活半径以十分钟步行丈量，与家人囿于自在又疏离的安全茧房，出门叫"上街"，去市里叫"进城"。

上街大多是为了随家人赶集，进城的目的相对私人。我喜欢独自泡在城里的大书店，家人以为我爱阅读，不吝于给我买书，但其实我爱看的是《哈利·波特》和《鸡皮疙瘩》，还有那种用一张摩尔纹原理的卡片去解密的闲书。为了达到目的，只好雨露均沾，在文学名著和教辅中，偷偷夹带几本自己真实喜好的书。那些年书买了不少，看得下去的不多，我这个人没坚持到现在，爱读闲书，爱买书，买过即看过，看过就忘了。

一直很佩服那些看经典名著不犯困，且能清楚记得一长串人名翻译的读书人。凡是他们读过的书，便能咀嚼成自己的养分，在适宜的场合将这些有阅读门槛的段落信手拈来。换作我，无论面前的是山珍海味，还是早餐摊的一碗面糊，都是囫囵吞下，温饱过后，只会说："好吃。"隔一段时间之后，反问自己："我吃过吗？"

我脑中太多怪力乱神，下笔很少犹豫，作文课的随堂作业花二十分钟就写完了，还常被语文老师当作范文来念。现在想来，要感谢他，因为只有他懂我的文风。

那时无论是作业还是大小考试，我常写寓言故事，不管何种题材，哪怕给一段材料写说明文，我也要虚拟一个世界观来暗喻。比如用丢失法力的魔法师，来写追求梦想的人；用风之国里随意飘荡的蒲公英，喻我最好的朋友。角度确实刁钻，八百字的作文，不认真看完前四百字，很难知道我在写什么。因此，只要碰上我的语文老师改卷，作文分就高；碰到其他老师盲测，就说我偏题。这使得我的语文成绩非常不稳定。

后来听说老师改作文的方式一般只看开头和结尾，于是我换了个写法，开头结尾直抒胸臆，再加大段排比，余下四百字的任性都放中间，才勉强过了考试这关。

中学喜欢买各种杂志月刊，参加过一位漫画家的签售，因为羡慕可以在一本书的扉页签上自己的大名，回来后我也给自己设计了一个签名，还假模假式地在空白的作业本上练手。这或许就是年少无知的我，误打误撞向宇宙下了订单，才让我日后在扉页上签了无数遍自己的名字。

从未参加过任何作文比赛，唯一留下的文学痕迹，是六年级在作业本上写的恐怖小说。有一年春节回家，从床下的柜子里翻出这个本子，封皮已经发黄卷边。开头第一段写着温馨提示：本文含有血腥、恐怖的描写，请阅读前仔细考虑。体贴入微，多少有点可爱在身上，很想给那时的我，一个隔空拥抱。

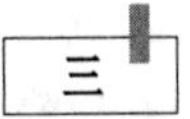

三

这个世界就是这样的，结果导向，当我成为今天的我时，所有的过往，就都有了意义。如果我留在老家，仍然在十分钟步行的圈里生活，星辰大海是内心执念，唾手可得的只有油盐酱醋，做着一份朝九晚五的工作，为明天织茧，供养一个更够不着的明天。当重新翻出这个作文本时，我只会说："看啊，都怪我上学时不认真，不懂得知识改变命运，偷偷开了一个普通的小差，就为多年后的荒唐，埋下了伏笔。"

所以我不相信成功学，成功是向外的定义，它有一种太多复杂因素的拉扯之感，更像服务于他人眼中的自己，是一种惯性陷阱。正如"柏林定律"所说，成功的最大障碍，莫过于取得不断的成功，站在高处会忘记自己到底要什么。

直到现在这个年纪，看到那些能被世人仰望的发光的人，我仍觉得是天赋和运气使然，努力占据的比例，只有在需要鼓励别人的时候才被提起，包装成一个好像谁都可以成为天之骄子的范本。况且在这个功利的世界说成功，没有意义，因为除了自己的亲人，人们大体上是不愿意看到别人太成功的。

前几年书店的畅销榜上，都是励志成功类的书，而这几年聊的是钝感力和心灵疗愈。当世界的日常运转变成跌宕起伏的剧本时，身为字句的我们，只想躺平和别太拼，一副要共沉沦的姿态。

我自己也深有感触，换作几年前的我，我会写：人生所有的经历，都是有迹可循的，每一步都算数，就像拼乐高，如果少了一两块零件，也许会不稳。但现在的我会写：拼过乐高的人都知道，那么多精密的零件，经常容易弄丢一两块，但不必勉强找到啊，因为其实根本不影响你拼完它。

我更喜欢用"满意"来形容人生，它是一种向内的问询，毕竟这一生，是自己的事。你此时做的事，是你真实想做的吗？你现在的生活，让你感到舒适吗？你爱的人，也爱你吗？其实很多问题，自己都能给出答案。如果答案是积极的，那其实你就已经与过去和解，重视现在和不惧未来了。如果不是，也没关系，运势和缘分是流动的。所有的困惑都处于当下，但你肯定会往前走，因为我们这一路，都要被迫放下带不走的林林总总，然后迎接下一个困惑。

很多问题最后不是解决掉的，而是忘了，算了，来都来了。

想到电影《东邪西毒》的一段台词：每个人都会经过这个阶段，见到一座山，就想知道山后面是什么，我很想告诉他，可能翻过去，你会发觉没什么特别。

这很像我这些年的体验。

每写一本新书，爬一座山，无论翻山越岭之后或热闹或冷清，都要面对接下来的一句——然后呢？即使剧透给你，沙漠的后面，是另一片沙漠，而偏执如我们，仍然会亲自去经历，即使预见了所有的悲伤，依然愿意前往。所以神明从不担心人类会无聊，因为他们是最会折腾自己的物种。

我想只身站在旷野中，等待一场精神世界的大雨，在外人告诉我该如何如何的时候，那场雨倾盆而下，天地架起长梯，那时每个雨滴都是为我降落的，听到的每处拍打声都是自由的喊声，淋湿的每寸皮肤都在真实地活着。

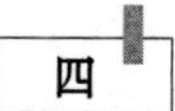

四

十八岁的成人礼上，心理专家说，下面要抽一位同学上台，与大家分享他刚才想象的未来画面。那一瞬间是最佳薛定谔，明明只抽一个人，搞得全年级都很紧张。很不巧，专家点到了我，我大步流星地上台，浑身散发着自信，眼中有光。

“I have a dream（我有一个梦想），我会成为著名作家，站在最高领奖台上，作品享誉全世界。”

现场掌声不绝，而另一个薛定谔的我站在台下，隐于人群中，我用力呼出长气，圆滚滚的肚皮终于放松。庆幸没有被点到，今天的好运气值得晚上多吃两个肉包子。

当时幻想的未来画面，我到现在还记得。我想有一家自己的影碟店，我就坐在门口，一边关注着小彩电上的最新剧集，一边为租碟的客人登记资料。身后整齐码放着厚厚的资料夹，里面零星夹着几本喜欢的书，还有新写的自娱自乐的小说。旁边养的小狗吠个不停，它一定想着我桌上那盘清爽的西瓜。

还是这个我比较真实。

时间行进至此，VCD机这个介质早已消失了，而我是各大视频网站的高级会员，实在看不了的，还能找盗版资源。我当然没有成为著名作家，但在北京有一个朋友圈，大家来自各行各业，自嘲不著名，于是叫“者名家族”。所以我是“者名作家”，不重要。

从为别人活着到为自己活着，是一段周而复始的迷宫；从索取幸福到感知幸福，是一次泄力的拔河；从认清生活到热爱生活，是一场永恒的跋涉。这一路，若合我意，一切皆好。